太宰府天満宮の地宝

TREASURES OF THE DAZAIFU TENMANGU SHRINE

九州国立博物館・編

忘羊社

JN170842

凡例

・本書は、九州国立博物館と太宰府天満宮が平成二十八（二〇一六）年一月一日から二月二十八日まで、九州国立博物館文化交流展示室第一室で開催する新春展示「太宰府天満宮の地宝」にあわせて出版する書籍です。
・本書には展示作品以外の参考資料の写真も掲載しています。
・出品作品の写真は、各所蔵者から提供を受けたほか、山﨑信一（スタジオパッション）が撮影しました。
・挿図の写真は、九州歴史資料館、太宰府天満宮から借用したほか、酒井咲帆（ＡＬＢＵＳ）、木原千裕（京福堂）が撮影しました。

序

平成二十七（二〇一五）年十月、九州国立博物館は開館十周年を迎え、これを祝うさまざまな行事が催されました。その一幕でのこと。太宰府天満宮の西高辻信良宮司は「九州国立博物館は太宰府の景色になった」と祝辞を述べられました。

新参者の九州国立博物館が、歴史ある太宰府において人々の目に馴染む「景色」となったことは、多くの方の支えがあったことの何よりのあらわれといえましょう。そしてこの支えは、じつに百余年の長きにわたるものでした。

そもそも九州国立博物館の歴史は、明治二十六（一八九三）年、当時の天満宮宮司であった西高辻信厳氏らが菅原道真（八四五〜九〇三）の一千年紀を記念して提唱した「鎮西博物館」に遡《さかのぼ》ります。以来、多くの人々が国立博物館の建設を夢見て、努力をしてきました。そして昭和四十六（一九七一）年には、太宰府天満宮の土地約十四万平米が国立博物館の建設用地として寄附され、平成十七（二〇〇五）年十月、九州国立博物館はついに開館の日を迎えたのです。

天神さまの杜《もり》に抱かれた九州国立博物館では、この十周年という節目に、太宰府および太宰府天満宮という土地を足元から見つめなおす機会をつくりたいと思い、ここに「太宰府天満宮の地宝」というささやかな展示を企画いたしました。会期は平成二十八（二〇一六）年一月一日から二月二十八日までの二カ月間。これにあわせて発刊する本書は、展示が閉幕してもなお語り継ぎたいたくさんの物語を込めたものです。

多くの方が本書を手にとり、太宰府天満宮をはじめとする太宰府という土地の魅力を再発見されますよう心から祈念いたします。

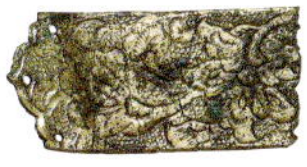

関連略年表

時代	事項	◎主な掲載作品
	北部九州に稲作つたわる	
	青銅器でまつりがおこなわれる	銅矛、銅戈
	太宰府市唯一の前方後円墳が築造される（五世紀）	成屋形古墳群出土品
古代	大宰府政庁完成（七世紀）	文様塼
	菅原道真生誕（八四五年）	
	菅原道真、大宰権帥となり太宰府へ下向（九〇一年）	
	菅原道真薨去（九〇三年）	
	道真の墓所として安楽寺創建（九〇五年）	平瓦　銘安楽寺
	大宰府政庁再建に安楽寺ゆかりの瓦を使用（十世紀中頃）	平瓦　銘安楽之寺
中世	この頃、安楽寺で密教儀礼とりおこなわれる（十二世紀）	瓦器碗・土師器碗
	太宰府天満宮東南の丘に墓地造営（十二世紀頃）	浦ノ田遺跡出土品
	「安楽寺巽方嶺」で青銅器出土（一一七五年）	百練抄
	太宰府天満宮、兵火で焼失（一五七八年）	
近世	太宰府の片野山で青銅器出土（一七八四年）	銅戈
	青柳種信、太宰府天満宮の宝物を調査（一八二二年）	太宰府聖廟神宝銅鉾図
		天満宮神宝銅鉾図
	後藤碩田、太宰府天満宮の宝物を調査（一八三二年）	尚古延寿
近現代	太宰府天満宮において太宰府博覧会開催（一八七三年）	
	菅公一千年紀をひかえ鎮西博物館の設置を計画（一八九三年）	
	太宰府天満宮が博物館建設用地として土地十四万平米を寄附（一九七一年）	
	天満宮アクセスの建設工事に先立ち浦ノ田遺跡を発掘調査（二〇〇二年）	浦ノ田遺跡出土品
	天満宮アクセスが開通し太宰府天満宮と九州国立博物館がつながる（二〇〇五年）	
	九州国立博物館開館（二〇〇五年）	
	九州国立博物館で特別展「国宝 天神さま」開催（二〇〇八年）	

序章

古都・太宰府と共に
——太宰府天満宮の変遷

文＝味酒安則（太宰府天満宮禰宜）
*写真＝酒井咲帆（ＡＬＢＵＳ）

平安時代の巨星は、太宰府に堕《お》ち、そして鎮まりました。その地に、真新しい宮居が誕生します。天満宮は、ほかの神社仏閣とは違った道を歩み始めます。巨星の波乱に満ちた生涯と、天満宮の数奇な歴史とは、共に生きた沢山の人々に、忍耐と勇気を与え続けてきました。

更衣祭。毎年四月二十日と十一月二十日の春秋二回、天神さまの御衣をお召し替えする祭典

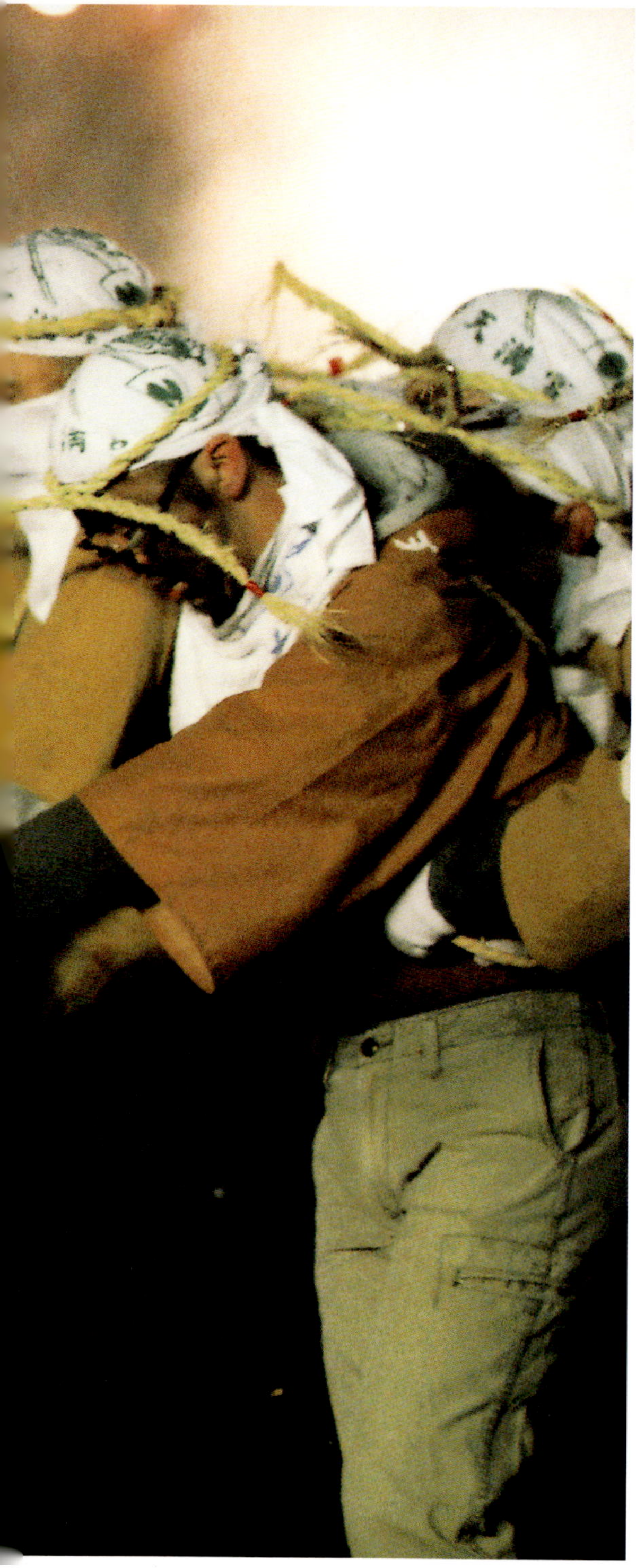

太宰府天満宮の創建

延喜《えんぎ》三（九〇三）年二月二十五日、菅原道真公は、大宰府の南館において五十九年の生涯を終えられました。道真公は、最期《さいご》にあたって、次の遺言をされたことが『菅家御伝《かんけごでん》』にあります。それは、「余見る、外国に死を得たらば、必ず骸骨を故郷に帰さんことを。思ふ所有に依りて、此事願はず」というものでした。

そして、その言葉どおり、京より付き従った門弟の味《うま》酒安行《さけのやすゆき》によって、その遺骸は大宰府に葬られることになりました。柩車《きゅうしゃ》を曳《ひ》いた牛の臥《が》した聖地に、太宰府天満宮は創建されたのです。『天満宮安楽寺《あんらくじ》草創日記』によると、同五年八月十九日、味酒安行は御殿（御廟殿）を、同十年安楽寺を、同十五年御墓寺を建立したといいます。

安楽寺とは、神仏混淆《しんぶつこんこう》時代の太宰府天満宮の古称で、

年の始めにあたり、その年の災難消除や開運招福を願う勇壮な鬼すべ神事

ほかに、安楽寺天満宮、菅聖廟《かんせいびょう》ともいいます。

大宰府官人

創建されたばかりの安楽寺の発展の経緯は、他の社寺とは大きく異なっていました。その発展に大きく寄与したのが、大宰権帥《だざいごんのそち》や大宰大弐《だいに》をはじめとする大宰府政庁の官人たちだったからです。彼らは、安楽寺経済の充実に積極的につとめました。

そして、きわめて短期間に基礎を固めていった安楽寺は、道真公の曽孫にあたる菅原輔正《すがわらのすけまさ》の大宰大弐補任《ぶにん》によって、飛躍的に発展しました。永観《えいかん》二（九八四）年には中門・回廊などの大増築がなされ、荘園の寄進も相つぎました。注目すべきことは、輔正が円融天皇の侍読《じとう》（天皇・東宮に仕え、学問を教授する役職）を務めたことにより、常行堂・宝塔院の建立の願いを天皇が立てられた点です。このことは、大宰府官人の天神信仰を昂揚させるとともに、あたかも府の寺のような印象を与え、安楽寺の地位を不動のものにしたといえます。

正暦《しょうりゃく》四（九九三）年六月、道真公に左大臣正《しょう》一位が追贈され、さらにその年の閏《うるう》十月に極位の太政大臣が贈られました。そこで、諸社寺に対する安楽寺の宗教的優位も確立していったのです。

海外交易

古代において、海外諸国との貿易権は朝廷のみが有する特権でした。新興社寺である安楽寺が発展する十一世紀ごろより、海外貿易の主役は荘園領主に移り、その場所も鴻臚館《こうろかん》（古代の外交施設）から九州沿岸の荘園に移っていきました。荘園のもつ治外法権をさらに活用して、九州、中でも博多湾沿岸の領主は、そこに外国船を招き入れ、交易を独占し、新たな富を貯えていたのです。

安楽寺領においては、最も古い（天禄《てんろく》元（九七〇）年）荘園である壱岐島分寺《いきとうぶんじ》中浜荘をはじめ、博多湾に面する博多荘、大浦荘、有明海に近接する玉名荘、得《たか》飯《い》荘、他に唐津荘、桑原荘なども海外貿易を行った荘園と考えられています。

平氏政権

平氏政権の基盤のひとつが海外貿易すなわち日宋貿易の利潤にあったことはまちがいありません。保元《ほげん》三

例年三月に行われる曲水の宴。満開の梅の下、平安絵巻そのままの雅びな情景が広がる

毎年十月に行われる秋思祭。生前、道真が醍醐天皇の勅題に応えて詠んだ「秋思」の詩に因む

（一一五八）年に平清盛は大宰大弐に任ぜられ、弟の頼盛が仁安《にんあん》元（一一六六）年、大弐に就任して着任しました。大弐の大宰府下向《げこう》着任は四十年ぶりのことでした。

古代から中世にかけて、安楽寺の発展は、まさに最高潮に達していました。その安楽寺が挙《こぞ》って平氏と和合したことは容易に察することができます。「驕《おご》る平家は久しからず」、寿永《じゅえい》二（一一八三）年、福原の都を落ち、安徳天皇を奉じた平家一門は八月十九日、大宰府に着き安楽寺に参詣し、夜どおし法楽の和歌連歌を詠みました。

その後、平家が滅び、安楽寺別当安能《べっとうあんのう》は、源頼朝より平家のため祈祷したとして糾問《きゅうもん》され、別当職を執拗に改替されようとしたのです。

鎌倉時代の太宰府

源平争乱は、太宰府と安楽寺に暗雲をただよわせます。九条兼実《かねざね》『玉葉《ぎょくよう》』に養和《ようわ》元（一一八一）年に菊池氏や緒方氏の決起によって太宰府は焼亡したという風評が記してあるほどです。平家に味方した安楽寺は大きく挫折することになり、堂宇《どうう》（寺院内の建物の総称）

は破損したままに時が過ぎました。

また、わが国を恐怖の底に陥れた蒙古襲来も、九州さらに安楽寺に大きな変化をもたらしました。弘安の役では安楽寺で異国降伏《いこくこうぶく》を祈願する大般若経《だいはんにゃきょう》を転読し、勝軍連歌を行ったことが『天満宮縁起』（元禄《げんろく》六（一六九三）年）に書き記してあります。正応《しょうおう》三（一二九〇）年、筑前国衙職《こくがしき》が安楽寺に寄進されているのは、報賽《ほうさい》の意味と考えます。また、神領興行法施行による寺領の返納や武士の元寇の恩賞地の奉献もみられます。

しかし、何よりも、鎌倉幕府が蒙古襲来に備え、鎮《ちん》西探題《ぜいたんだい》を博多に設置したことにより、政治・外交の中心が太宰府からその外港の博多に移る、という結果になったことが重大でした。

室町時代と連歌

南北朝に入り、建武《けんむ》三（一三三六）年二月、太宰府の少弐頼尚《しょうによりひさ》は足利尊氏《たかうじ》を赤間関《あかまがせき》に迎え、そして、九州最大の南朝方の大豪族菊池武敏《きくちたけとし》軍との合戦が、多々良浜（福岡市東区）で始まりました。尊氏はこの戦に九死に一生を得て大勝します。そして、安楽寺近接の太宰府原山「浦の城」にて、九州の兵をまとめ、東上、湊川で楠木正成《まさしげ》を破り入京を果たしました。同年、『建武式目』を制定し、室町幕府の創設に着手したのです。

山口の大内氏の筑前および豊前支配が進むにつれて、安楽寺に対する同氏の保護も安定化します。南北朝時代にも救済《きゅうぜい》や周阿《しゅうあ》が安楽寺に詣でています。有名無名の歌人、連歌師たちが大内氏を頼って、文道神、連歌神を祭神とする安楽寺への参拝が増加します。さらに、連歌師の忍誓《にんぜい》や宗祇《そうぎ》、歌人の正広《しょうこう》が参詣したことが注目されます。

戦国時代、天満宮炎上

九州の戦国時代の終焉は、天正《てんしょう》六（一五七八）年八月の日向「耳川の戦」で、大友宗麟《そうりん》の大軍が、期せずして島津義久の軍に大敗したことにより始まりました。同年十二月、秋月種実《たねざね》はこれを好機とばかりに、大友氏の宿将、立花道雪《どうせつ》・高橋紹運《じょううん》らと因縁の決戦に出ます。しかし、紹運の軍略に嵌《はま》り敗走しました。この時、北島玄蕃《げんば》という武将が安楽寺近くに火をかけ、ほどなく御本殿に火が移ります。勾当坊《こうとうぼう》味酒栄重《えいちゅう》は、御神体が避難するのを見届けて「秋月家七代まで悪霊となる」

といって、本殿とともに焼死しました。そして、現本殿が再建されるまでの十三年間、安楽寺は、現在の筑前町栗田の老松宮にありました。

本殿再建

豊臣秀吉の九州平定後、毛利元就《もとなり》の第三子の小早川隆景《たかかげ》が、天正十五（一五八七）年に筑前一国と筑後肥前各二郡を与えられ、筑前名島に新城を築きました。

隆景は、神仏を崇敬し、神社仏閣の再建に心血を注ぎました。中でも、まず最初に取り組んだのが安楽寺の再興でした。天正十九（一五九一）年、五年の歳月をかけ造営された御本殿は、五間社流造《ごけんしゃながれづくり》、檜皮葺《ひわだぶき》、正面に唐破風《からはふ》を設けた大きな切妻造《きりづまづくり》で、桃山様式の荘厳な彩色と重厚な朱塗のものでした。そして、石田三成《みつなり》が筑前の代官になった慶長《けいちょう》三（一五九八）年、楼門も再建されます。

江戸時代と黒田氏

関ヶ原の合戦後、黒田長政《ながまさ》は筑前五十二万石に封じられました。そして、黒田如水《じょすい》、長政父子の復興に寄せる援助は大でした。神橋三橋造営のための銀子《ぎんす》を寄進し、中門・回廊・摂末社・石鳥居・石燈籠から衛府《えふの》太刀《たち》、縁起絵巻にいたるまで寄進しました。

如水は福岡城築造中には太宰府天満宮（安楽寺）の東神苑に小さな庵と井戸を造り居住し、連歌屋を創設し、連歌会所を再建します。慶長九（一六〇四）年、太宰府天満宮に二千石を寄進し、その配分帳を与えています。その後、黒田氏は代々、太宰府天満宮を尊崇し、正月には福岡城において「松御会連歌《まつのぎょえれんが》」を催し、大鳥居氏はじめ社家が勤仕《きんし》するのを恒例としたのです。

学問の神　天満天神

江戸時代に入り、学問が広く武士から庶民の間まで

太宰府天満宮境内図（応永の古図）
池の畔に仏塔が建ち、神と仏に対する信仰が一体であった時代の天満宮の姿を偲ばせる（太宰府天満宮提供）

盛んになり、天神信仰は、藩校や寺子屋で学問の興隆を支えました。延宝《えんぽう》四（一六七六）年、太宰府天満宮に全国でも珍しい民間の御文庫が検校坊《けんぎょうぼう》味酒快鎮《かいちん》という好学の法印（最高位の僧）によって開設されました。そして、この御文庫の開設でもわかるとおり、元禄時代を境に、国風の学問が復興し、そしてそれが広く庶民の間にまで浸透して行きます。ことに庶民の子弟の教育の場の「寺子屋」の守護神が文神菅原道真公（天神さま）となり、全国に普及していきました。さらに、江戸三大歌舞伎の『菅原伝授手習鑑《すがわらでんじゅてならいかがみ》』が大流行したのもこの頃で、最高の見せ場は「寺子屋の段」でした。

さいふまいり

太宰府天満宮に参詣することを「さいふまいり」といいます。これは、江戸時代に治安や道路事情が改善されたことなどで、格段と増加しました。

中世では荘園によって支えられていた経済が、この時代に領国支配に転換し、ほとんどすべてが失われました。当然、寺社経営には別の活路を求めねばなりません。そのひとつが社家の「宿坊」化で、天満宮参拝の時の旅宿となり、天満宮へ様々な取り次ぎなどもしました。それらは、特定の檀家を形成します。檀家には、九州各藩の藩主から、京の公家、江戸の武家など、地域に至っては奥州、松前にまで及んでいました。そこへ、神人《じにん》たちが「配札」をし、御神木飛梅の実で奉製した「梅御守」をはじめ、雷除・海上安全・疱瘡《ほうそう》御守などと共に「梅ヶ枝餅」を持って行くこともありました。

また、旧来の荘園領地等は、社家すなわち宿坊ごとの「講《こう》」という集合体に代わって、代表が参拝して守札を受けるという精神的な関係となります。そして、天神さまの「講」は全国津々浦々まで広まっていくのです。

幕末の太宰府

尊王攘夷派の長州藩は、文久《ぶんきゅう》三（一八六三）年八月十八日の政変で公武合体派と対立して敗れます。その後、三条実美《さねとみ》、三条西季知《すえとも》、東久世通禧《ひがしくぜみちとみ》、四条隆《たか》謌《うた》、壬生基修《みぶもとおさ》ら五人は筑前藩お預けとなり、元治《げんじ》二（一八六五）年二月十三日、太宰府延寿王院へ閉居することになりました。

五卿《ごきょう》は、毎日交代で本殿に参籠《さんろう》して、攘夷の遂行と

道真を慕い、京より一夜にして飛んできたという御神木「飛梅」の実を集め奉納する飛梅ちぎりの神事（六月）

火災による焼失を経て大正三年に再建された楼門（太宰府天満宮提供）

維新の回天を祈願しました。倒幕派の象徴的存在であった五卿のもとへは、勤皇の志士が数多く往来しています。西郷隆盛、坂本龍馬らが五卿のもとを訪れ、倒幕の策を練ったのです。

慶応《けいおう》二（一八六六）年十二月、孝明天皇が崩御され、これを機に征長軍は解散。翌年、五卿に復官の勅命が下りました。十二月十九日、五卿は博多より船で帰洛の途についたのです。その後、まもなく幕府は崩壊しました。

太宰府博覧会

明治四（一八七一）年、天満宮は神仏混淆の宮寺から神社神道への道を進むこととなり、社家は復飾（僧が俗人に戻ること）します。そして、社格は国幣小社となり、翌年「太宰府神社」と改称しました。さらに、同十五年官幣小社、同二十八年には官幣中社に社格を進めました。

明治初年は、国内での博覧会ブームの時代ともいえます。発端は慶応三（一八六七）年のパリ万国博覧会です。政府は、明治四（一八七一）年東京九段招魂社（靖国神社の前身）で、産業・文化の振興と博物館建設を目的とした博覧会を開催します。太宰府では、先駆的にも、明治六年、七年、八年の三回に亘《わた》って「太宰府博覧会」が西高辻信厳《にしたかつじしんげん》らが中心となって催されます。太宰府神社所蔵の宝物はもとより県内近郊の文化財を収集展示し、当時の社務日誌では、盛会で日延までしたと記されています。これが、隣地に平成十七（二〇〇五）年十月に開館した九州国立博物館誘致への道の第一歩だったのです。

近・現代の太宰府天満宮

明治三十五（一九〇二）年の菅公御神忌一千年祭は各界から多くの参詣者、奉納金を集め盛大に斎行されます。その二年後、日露戦争の戦勝祈願に訪れた人々の提灯の火が楼門・回廊に移り焼失するという災難に遭《あ》いますが、大正三（一九一四）年に再建されました。

昭和二十二（一九四七）年二月、「太宰府天満宮」と正式に改称し、天神さまは、日本全国よりさらに多くの尊崇を集めていくのです。

No.①（22ページ）の文様塼の裏側。粘土を踏んだ職人の足あとが確認できる。

①

安楽寺《あんらくじ》の甍《いらか》と太宰府の古代・中世

菅原道真の没後、墓所として安楽寺が築かれます。いまの太宰府天満宮です。この安楽寺ゆかりの瓦が、大宰府政庁再建の折に、道真自身がかつて遠くに望んだ大宰府政庁の瓦となりました。

古代大宰府の
官庁や観世音寺に
敷かれていた
壮麗な蓮華文《れんげもん》のタイル

①**重要文化財　文様塼《せん》・表側**（太宰府市観世出土／奈良時代、八世紀／太宰府天満宮所蔵）

道真の遺骸を乗せた牛車《ぎっしゃ》が
歩みをとめた地に
築かれた墓所
「安楽寺」の銘を刻む

②平瓦　銘安楽寺（太宰府天満宮出土／平安時代、十世紀／太宰府天満宮所蔵）

大宰府政庁の
修繕に使われた、
「安楽之寺」を刻む瓦

③平瓦　銘安楽之寺（大宰府政庁跡出土／平安時代、十世紀／九州歴史資料館所蔵）

菅原道真が暮らした古代都市・大宰府

小嶋篤（九州国立博物館）

　菅原道真が晩年を過ごした古代都市・大宰府は、現在の太宰府市と筑紫野市の町並みと重なるように存在しています。観世音寺の塔心礎《とうしんそ》のように古代の建物跡が地表に露出している場所もありますが、都市の大部分は地中に埋もれています。道真が暮らした古代都市・大宰府はどんな姿だったのでしょうか。発掘調査の成果をもとに探ってみましょう。

　大宰府の中心は四王寺山の南麓にあった「大宰府政庁」です。この場所は、古くから「都府楼址《あと》」と呼ばれており、政庁の跡地であることが知られていました。しかし、政庁が放棄された鎌倉時代以降は、山野に没し、いまから五十年ほど前までは田畑として利用されていたのです。発掘調査では江戸時代に描かれた絵図や大正・昭和時代の測量図を参考にしながら、政庁の建物跡を探して、遺跡の範囲や残存状態を確認しました。藤原純友《すみとも》の兵火（九四二年）で大宰府政庁が焼失し、建て替えられていた事実は、発掘調査によりはじめて明らかになりました。道真が大宰府で死去したのが延喜《えんぎ》三（九〇三）年ですから、道真が館から眺めた政庁は、没後約四十年で焼け落ちてしまったことになります。現在、「特別史跡 大宰府跡」として整備されている政庁跡は、九四二年以降に建て替えられた後の姿です。焼失した政庁の跡は、いまも特別史跡の地下に眠っています。

　大宰府政庁の南門を出ると広場があり、その左右に役所の建物が連なるように整備されていました。政庁周辺の役所跡は「大宰府政庁周辺官衙《かんが》跡」として発掘調査が実施されています。現在、調査が進められている蔵司《くらつかさ》地区も、大宰府政庁周辺官衙跡の一つです。「蔵司」という地名から、大宰府の財源を管理する役所が置かれていたと考えられています。道真が大宰府に滞在していた平安時代には、蔵司地区に大宰府政庁正殿を上回る巨大な礎石建物が建っていました。この大型礎石建物は丘陵上にあるため、都市のいたるところから眺めることができたのではないでしょうか。

　そして、役所を区画する東西南北に沿った溝からは、

大宰府政庁跡から四王寺山を望む

発掘調査が進む大宰府政庁周辺官衙跡（蔵司地区）

硯《すずり》や木簡が数多く出土しており、大宰府の文書行政の実態がうかがえます。役所群に連なるように東側には「学校院」・「観世音寺」がならんでいました。西側に伸びる官道を進むと、「刈萱《かるかや》の関」や「水城東門」へと至ります。このうち、「刈萱の関」は道真が詠んだ歌の中にも出てきます。「かるかやの関守にのみ見えつるは人もゆるさぬ道べなりけり（訳：誰もが刈萱の関の番人に見えたのは、配流《はいる》の身ゆえ、人目が厳しい道を来たからなのだ）」という歌は、道真が水城東門をくぐり、刈萱の関を通った際の心情が反映されたものでしょう。

　大宰府政庁周辺官衙の南側は、現在と同様に御笠川《みかさ》が東から西に向かって流れていました。御笠川の川底からは、巨大な礎石が掘り出されており、川際に立派な朱雀門が建てられていたことが分かっています。朱雀門をくぐり、御笠川に架かる橋を渡ると、幅約三十六mにもなる朱雀大路が真っすぐ南に伸びていました。この朱雀大路を六百mほど歩いた場所に菅原道真が暮らした邸宅である「府の南館」があったと伝えられています。現在の榎社《えのきしゃ》が鎮座している区画です。この区画は発掘調査がなされていませんが、その配置から朱雀大路に面していることが確実視できます。現在の太宰府市域でも、とくに古代都市・大宰府の姿を色濃く残している場所と言えるでしょう。

道真は「府の南館」での生活の中で、『不出門《ふしゅつもん》』と題した漢詩を詠んでいます。その中に「都府楼纔看瓦色　観音寺只聴鐘聲（都府楼はわずかに瓦色をみ　観音寺はただ鐘声をきく（訳：都府楼はわずかに瓦の色をみる。観音寺にはただ鐘の声をのみ聴く））」という一節が出てきます。大宰府での暮らしの一場面を切り取った漢詩で、道真が暮らした古代都市・大宰府の情景が偲《しの》ばれます。道真は大宰府の正規の帥《そち》・権帥《ごんのそち》とは区別された「大宰員外帥《いんがいのそち》」として赴任していましたから、『不出門』にある「何爲寸歩出門行（何爲《なんす》れぞ寸歩も門を出でて行かんや（訳：どうして一歩たりとも門外に出ることができましょうか））」の一節のように、府の南館から外出する機会は少なかったようです。

府の南館から朱雀大路をさらに南に進んだ先には、羅城門があったと考えられています。羅城門はいまだ発見されていませんが、羅城門の外側には大宰府官人の墓地（堀池遺跡・平安時代（九世紀））が広がっていたことが、近年の発掘調査で明らかになってきました。

最後に古代都市・大宰府を囲む山々の様子を眺めて見ます。これらの山々には、飛鳥時代（七世紀）に大野城・基肄城《きいじょう》・阿志岐山城《あしきさんじょう》が築かれていましたが、城壁（土塁）はとくに改修されておらず、十世紀には大半が山野に帰していたようです。また、大宰府防衛の要である大野城の城内には、奈良時代（七七四年）には「四天王寺（四王寺）」という山林寺院も設置されていました。とは言え、これらの山々は現在のような樹木に覆われた姿ではありませんでした。道真が大宰府で詠んだ歌に「あしびきのこなたかなたに道はあれど都へいざといふ人ぞなき（訳：山のあちらこちらに道はあるのに、さあ都へと言ってくれる人はいない）」とあります。都市中央にある府の南館から山道が複数見えることから、大宰府を囲む山々には、ススキをはじめとした低草木もいたるところに繁茂していたようです。

安楽寺の実像

——大江匡房《おおえのまさふさ》の作善《さぜん》と堂内荘厳《しょうごん》

望月規史（九州国立博物館）

「夫安楽寺者菅大相国之聖廟也《それあんらくじはかんのだいしょうこくのせいびょうなり》」

これは、永長《えいちょう》二（一〇九七）年八月に大宰権帥《だざいごんのそち》として大宰府に赴任した大江匡房（一〇四一～一一一一）が、「菅大相国」つまり菅原道真（八四五～九〇三）の廟前で詠んだ詩（「七言早春内宴陪安楽寺聖廟同賦春来悦者多一首」）の発句です。そして、ここで「聖廟」として挙げられた「安楽寺」こそ、現在「学問の神様」として篤い崇敬を集めている太宰府天満宮のかつての名でした。菅公を祀る天満宮は、お寺でもあったのです。神饌具《しんせんぐ》として用いられた器台《きだい》［No.⑧］とともに、密教の儀式で用いる六器《ろっき》を思わせる土師器《はじき》［No.⑦］や瓦器《がき》［No.⑨］が出土していることは、そのことを示すものです。しかし現在、天満宮には国内外を問わず多くの参拝者が押し寄せていますが、今そのことを知る人はほとんどいません。

　さて、今日でもなお太宰府天満宮で挙行されている神幸祭《じんこうさい》を創始したことで知られる大江匡房は、後三条・白河・堀河の三代にわたり東宮学士《とうぐうがくし》（皇太子の教育係）として仕えた人物でした。詩文も巧みで、堂宇《どうう》の供養や追善といった法会儀礼の場で読まれた匡房作の願文《がんもん》は、現存するものだけでも百二十編を超えており、平安時代後期を代表する文人貴族のひとりと言ってよいでしょう。

　大宰府赴任中、匡房は幾度となく安楽寺へ足を運んでいます。そのなかで、康和《こうわ》二（一一〇〇）年八月に安楽寺へ参詣した際に匡房が作った「参安楽寺詩《あんらくじにまいるのし》」があります。二千字にも及ぶこの長大な五言古詩には、境内の美しさとそこに立ち並ぶ堂宇の壮麗さについて、「華堂連柳榭輪奐自参差《かどうりゅうしゃをつらねりんかんみずからしんしなり》」などと美辞麗句を尽くして賛美し、更に東南には法華堂が、また西方には九品《くほん》（＝九体阿弥陀）を安置していることを詠《うた》っています。恐らく各堂内の諸仏には、唐草文を透彫《すかしぼり》であらわした光背や宝冠が取り付けられていたことでしょう。No.⑫は、そのことを偲《しの》ぶ手がかりといえます。さながらそ

太宰府天満宮が
寺院であったころの
姿を伝える剣菱《けんびし》の文様

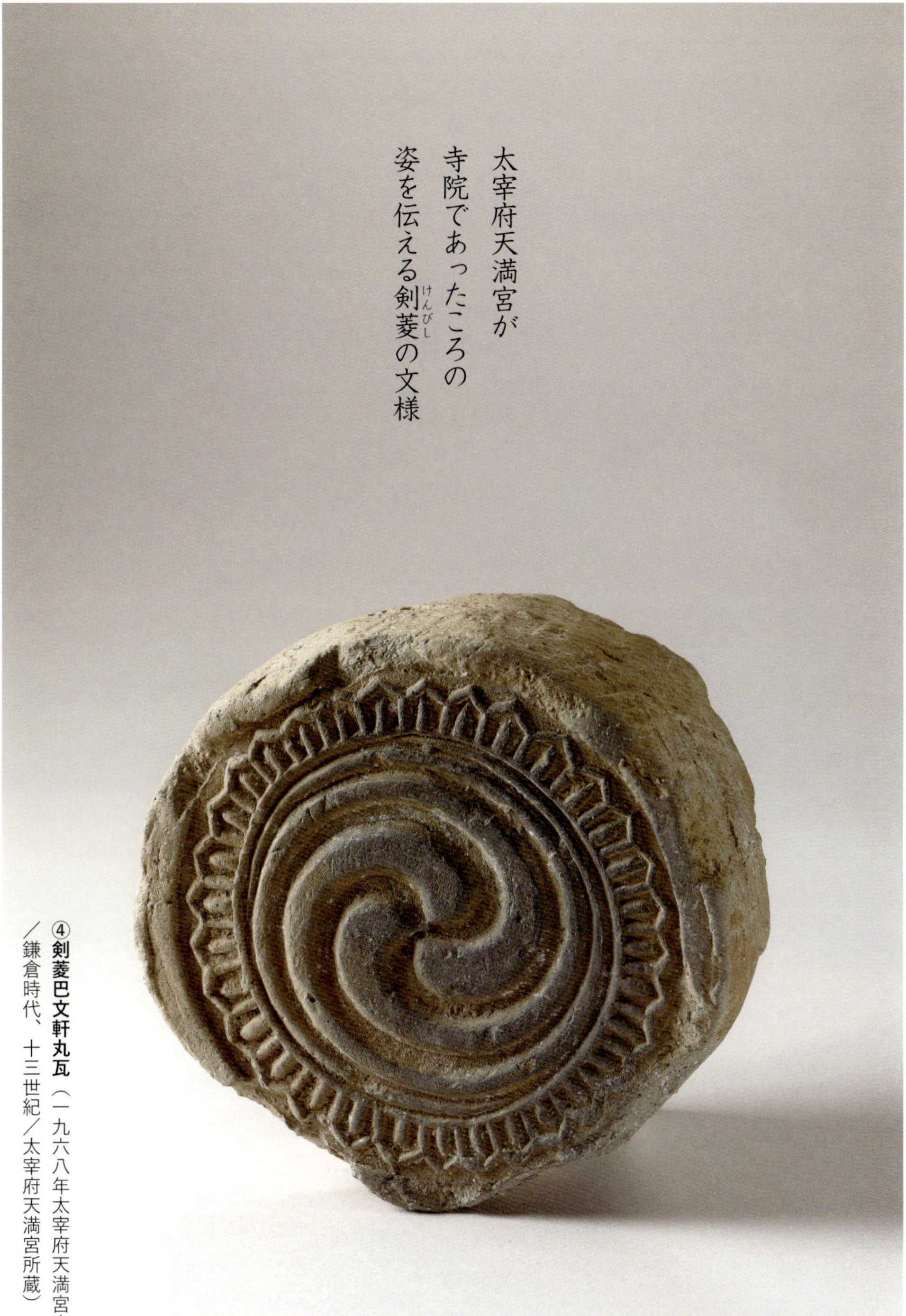

④剣菱巴文軒丸瓦（一九六八年太宰府天満宮出土／鎌倉時代、十三世紀／太宰府天満宮所蔵）

金色の飾金具が華やかな太宰府天満宮本殿

の情景は、経典に説く極楽浄土の世界が出現したかのようです。

匡房が生きた平安時代後期、人々は末法の世の到来を怖れ、また極楽往生を願い、浄土に強い憧れを抱いていました。そのため、各地で経典類を土中に埋納する経塚《きょうづか》が数多く造営され、また仏堂は浄土における楼《ろう》閣《かく》と位置づけられて、堂内を様々な荘厳具《しょうごんぐ》で煌《きら》びやかに飾った寺院が各地に建立されました。

例えば、鳳凰堂で知られる宇治の平等院や、奥州平泉の藤原氏が建立した中尊寺などは、今に残る当時の代表的な寺院建築です。こうした堂塔や仏像の建立、写経、経塚造営、法会、追善供養は、仏縁を結び極楽往生を果たすための行為であり、「作善」と呼ばれていました。匡房自身もこの作善を行っており、「参安楽寺詩」を詠んだ翌月に、安楽寺の境内に満願院を建立し、丈六金色《じょうろくこんじき》の仏像や様々な経典類を奉納しています。

では、匡房が目にしていた当時の安楽寺とは、どのような姿だったのでしょうか。

残念ながら現在の太宰府天満宮境内に満願院はありません。それどころか、かつて匡房が「輪奐の美」（立派な建物が建ち並ぶさま）を讃《たた》えた仏堂は一つとして残っておらず、往時を知る手掛かりはNo.④のような瓦片のほかはほとんど失われていると言わざるを得ません。しかし、浄土への憧憬《しょうけい》と作善の行為が全国的な広がりをみせていた平安時代後期において、九州の地のみがこうした時代のモードから取り残されていたとは考えられないのです。

浄土信仰が流行した
平安期・安楽寺の
偉観《いかん》を伝える金具

右⑤飾金具（一九八五年太宰府天満宮出土／平安時代、十一～十二世紀／太宰府天満宮所蔵）
左⑥吊金具（一九八五年太宰府天満宮出土／平安時代、十一～十二世紀／太宰府天満宮所蔵）

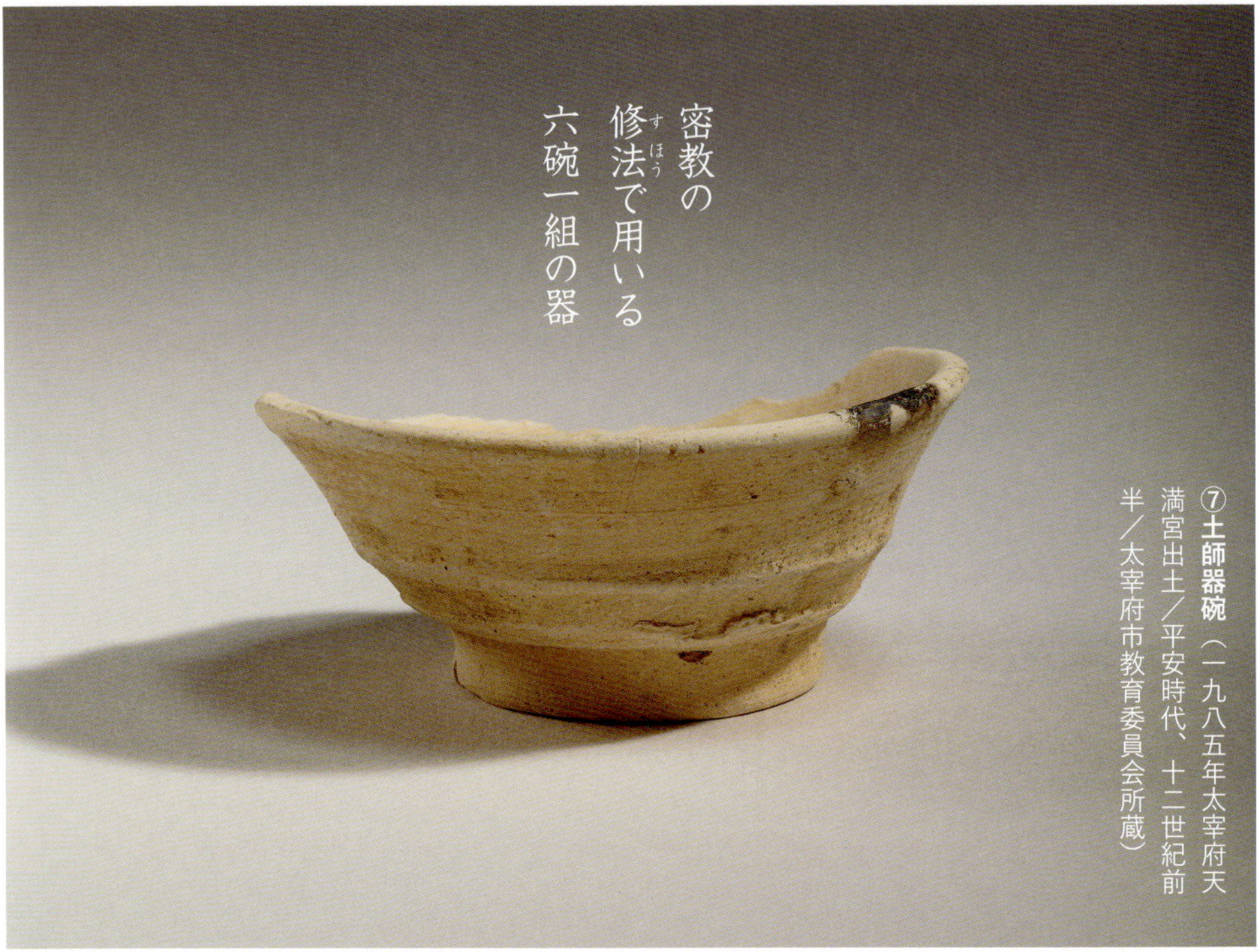

密教の修法《すほう》で用いる六碗一組の器

⑦**土師器碗**（一九八五年太宰府天満宮出土／平安時代、十二世紀前半／太宰府市教育委員会所蔵）

供物《くもつ》を載せた神饌《しんせん》具

⑧**器台**（一九八五年太宰府天満宮出土／平安時代、十一～十二世紀／太宰府市教育委員会所蔵）

表面を燻《いぶ》した 金属質の光沢をもつ 「六器《ろっき》」のかけら

⑨瓦器碗（一九八五年太宰府天満宮出土／平安時代、十一世紀／太宰府市教育委員会所蔵）

例えば当時九州は、京都を中心とする畿内周辺と並び経塚造営が最も流行した地域でした。特に太宰府天満宮と九州国立博物館が所在する太宰府一帯では、四王寺山や宝満山の山麓に数多くの経塚がつくられていたことが判明しています。となれば、当然のことながら安楽寺も、かの平等院や中尊寺のように浄土を意識し、荘厳《しょうごん》を尽くした寺院だったとみるべきでしょう。

そして、そのことを匡房の詩文とともに最も具体的な形で今に伝わる遺品と言えるのが、境内から出土した飾金具［No.⑤］なのです。

この金具は、堂内荘厳のために用いられる装飾用の金具であり、例えば供物《くもつ》台のほか、仏堂内で仏像や厨子《ずし》などを安置するための須弥壇《しゅみだん》や、密教儀礼を行う修法壇《すほうだん》の框《かまち》部分に取り付けていたものと考えられます。片手に収まるほどの小さな金属片でありながら、今なお金色《こんじき》の輝きを失わず、平安時代特有の華麗な宝相華《ほうそうげ》唐草が刻まれたこの金具は、在りし日の安楽寺の偉観を偲ぶことのできる、かけがえのない「地宝」のひとつなのです。

安楽寺の堂内に
吊り懸《か》けて礼拝した
小さな仏像

右⑩懸仏　十一面観音菩薩（太宰府天満宮出土／鎌倉時代、十三世紀／太宰府天満宮所蔵）
左⑪懸仏　不動明王（太宰府天満宮出土／鎌倉時代、十三世紀／太宰府天満宮所蔵）

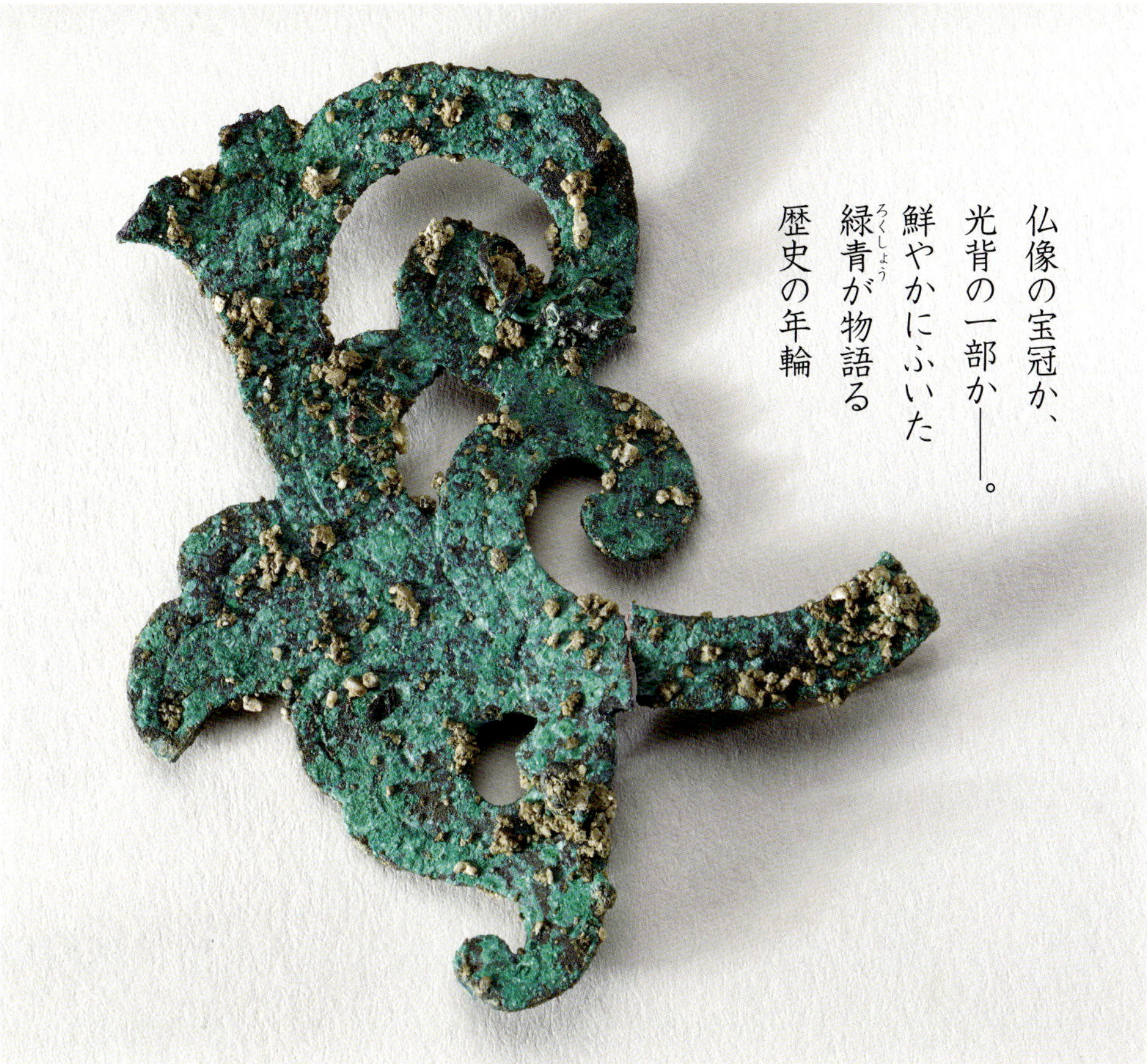

仏像の宝冠か、
光背の一部か――。
鮮やかにふいた
緑青《ろくしょう》が物語る
歴史の年輪

上⑫唐草透彫金具（太宰府天満宮出土／鎌倉時代、十三世紀／太宰府天満宮所蔵）
左⑬鰐口（太宰府天満宮出土／鎌倉時代、十三世紀／太宰府天満宮所蔵）

仏堂に懸《か》け、
荘厳な音を響かせた
梵音具《ぼんおんぐ》

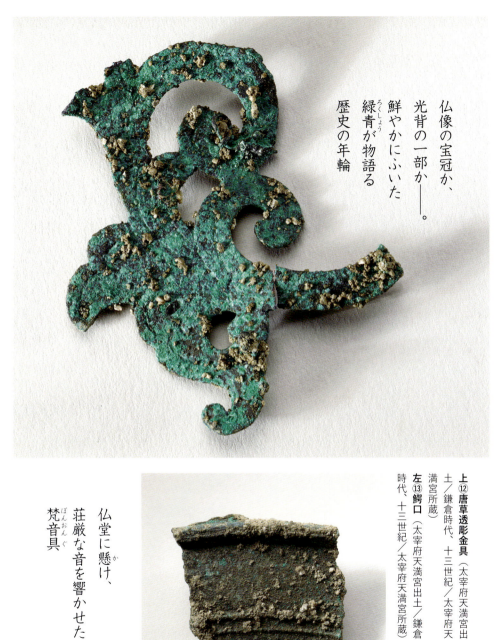

鞘尻《さやじり》金具と伝菅公遺品「毛抜形太刀《けぬきがたのたち》」

望月規史（九州国立博物館）

太宰府天満宮には、様々な宝物《ほうもつ》が伝わっています。そのうち、菅公佩用《はいよう》として最も大切にされてきたご神宝のひとつが、毛抜形太刀《けぬきがたのたち》［左図］です。「毛抜形」というちょっと変わったこの名前は、柄《つか》の部分に設けた化粧透かしの形が、古代の毛抜きのような形をしていることに由来します。こうした太刀は、故実書などでは宮中を護る官人が身につける「衛府太刀《えふのたち》」、あるいは貴人が外出時に佩《は》く「野劔《のだち》」とも呼ばれました。平安・鎌倉時代にまでさかのぼる作例としては、春日大社（奈良県奈良市）をはじめ、宝厳寺（滋賀県長浜市）や伊勢神宮（三重県伊勢市）など近畿地方を中心に十例ほどが知られていますが、九州で伝世しているのは太宰府天満宮の一振《ひとふり》だけであり、とても貴重なものです。しかし残念なことに、いまこの太刀をみると、全体が真っ黒に焼け焦げたような状態になっており、肌や刃文は確認出来ず、しかも刀身を覆っていた拵《こしらえ》は全く残っていません。

古くから栄えて来た太宰府一帯は、博多と並んで北部九州を代表する重要な地点でした。そのため、中世を通じて幾度も戦乱に巻き込まれて来た歴史がありま

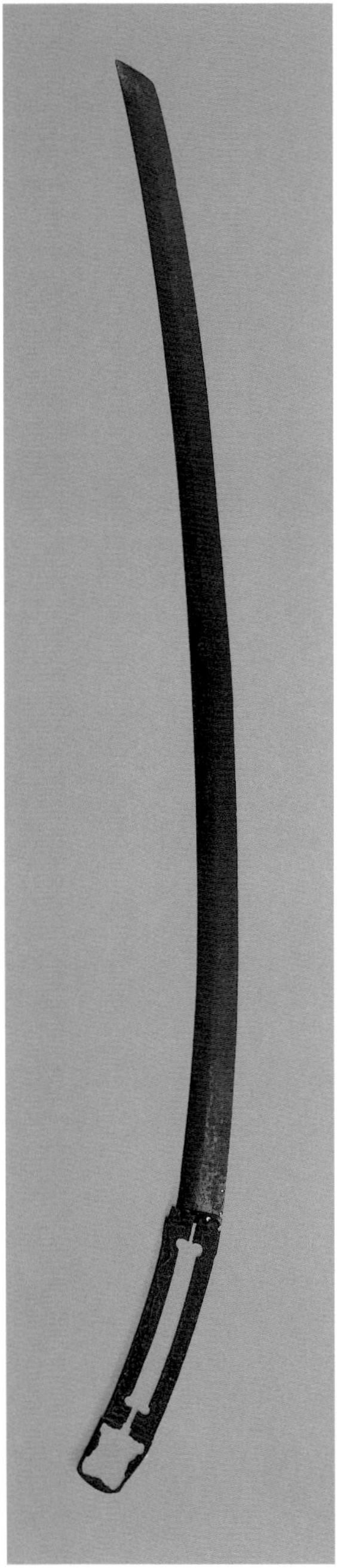

重要文化財　伝菅公遺品　毛抜形太刀（太宰府天満宮提供）

す。多くの寺社がその被害を被りましたが、菅公の威徳と高い格式を誇る太宰府天満宮とてその例外ではなかったようです。なかでも、天正《てんしょう》六（一五七八）年に起こった大友家の高橋紹運《じょううん》と秋月種実《たねざね》との合戦の際には本殿が全焼する大きな被害を受けました。社殿奥深くに奉安されていたこの太刀も、この兵火の折に焼身《やけみ》となってしまった、との社伝が残っています。

それでは、今は失われてしまったこの太刀の拵は、一体どのようなものだったのでしょうか。先に挙げた春日大社や伊勢神宮などの毛抜形太刀は、鞘全体に装飾を施し、金色《こんじき》の金具を取り付けた非常に華やかな拵のついた太刀となっています。恐らく太宰府天満宮の太刀も、かつては豪華な外装を伴っていたと考えられます。また毛抜形太刀に限らず、平安時代から鎌倉時代にかけて、外装きらびやかな太刀は「飾劔《かざりたち》」と呼ばれ、公卿《くぎょう》・殿上人《てんじょうびと》が朝儀の装束の際に佩用するものでした。そのことは、衣冠束帯《いかんそくたい》姿で描かれた当時の肖像画でも確認することができます。もちろん、平安時代前期を代表する公卿のひとりである菅原道真を描いた肖像画についても、豪華な太刀を身につけた姿となっています。また、かつての菅公の邸宅の素晴らしさを随筆『枕草子』のなかで賞賛した清少納言も、「めでたきもの」（＝素晴らしいもの）として、舶来の錦などと並んでこうした華やかな拵のついた太刀を挙げているほどです。とはいえ、刀身と較べると刀剣類の外装というのは、所有者の好みやその時々の流行によって取り替えられることがしばしばあり、当時の拵が現在に伝わっている例はほとんどありません。但し、寺社に奉納されたものは刀身・拵ともにそのままの姿で伝えられることが多く、たとえ拵を新調する場合でも、あくまで故実・古制に則《のっと》って当初の姿を踏襲することが少なくないようです。

豪華な太刀を身につけた道真
（板絵菅公像　太宰府天満宮提供）

ここで改めて太宰府天満宮の毛抜形太刀の柄頭《つかがしら》部分を見て下さい。覆輪《ふくりん》と呼ばれる縁まわりの内側に、小さな弧を連ねて花先形をなした突起が三カ所あります。「飾劔」の刀装具にしばし

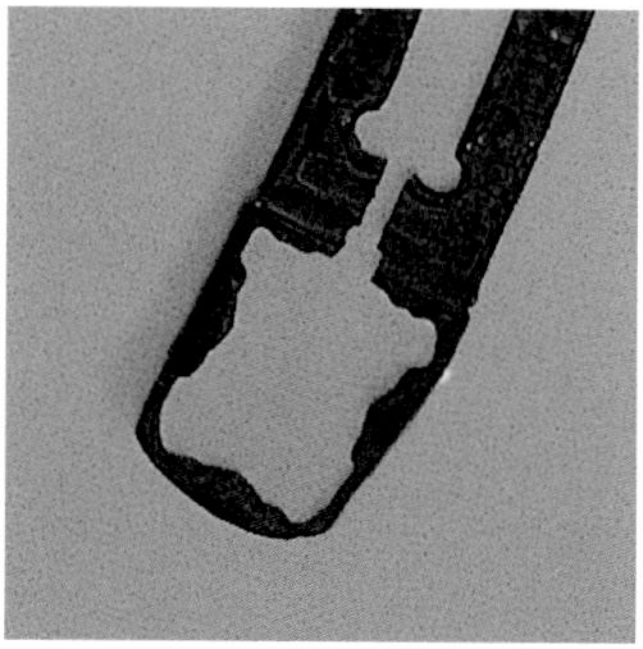

毛抜形太刀（柄頭部分）

ば見られるこうした花先形の突起を伴う覆輪状の柄頭や鞘尻は九世紀頃から見られ始め、十二世紀頃に最も加飾が進んだ後、ややシンプルとなりながらもその特徴的な輪郭を保ちながら鎌倉・室町時代へと引き継がれて行きます。このことを踏まえて鞘尻金具［No.⑭］に注目してみると、ご神宝の柄頭部分と同じような輪郭をしていることに気づかれるでしょう。やや薄手の造りであることや鍍金《ときん》の色味などからみて、菅公在世当時のものとは断言できませんが、それでもこの鞘尻金具がかつて豪華な「飾劔」の一部をなしていたことは間違いありません。そして、ひょっとしたら天正六年の罹災《りさい》で失われた太刀の拵の一部だった可能性すらあるのです。

　さてこの鞘尻金具、これまでに刊行された太宰府天満宮関係のどの図録や報告書にも掲載されていません。また、当館では開館三年目に「国宝　天神さま　菅原道真の時代と天満宮の至宝」と題した展覧会を開催していますが、この際にも取り上げられることはありませんでした。今回が初公開となります。太宰府天満宮の宝物殿で調査を行った際、様々な古墳時代の青銅製武器類を収めた箱に混じっていたのを見出したのが発端です。その詳しい来歴については分かっていません。

　それでは、何故この小さな金属片が捨てられずにこれまで保管されてきたのでしょうか。恐らく、いつの頃かこの破片を手にした誰かが武器の外装であることに目を留め、そして上記のようなご神宝との共通点に気づいて「これは何か大切なものに違いない」と保管することにしたのだと思います。現状では、この金具が具体的にどの太刀の拵についていたのか結論を下すのは難しいでしょう。しかし、来歴不明ながらこれまで大切に保管されて来たからこそ、今回のようにひとつの推論を立てることも出来るのです。先人たちの見識と、ものを守り伝えようとした熱意に想いを馳せずにはいられません。

伝菅公遺品のご神宝
毛抜形太刀《けぬきがたのたち》にも
通じる意匠

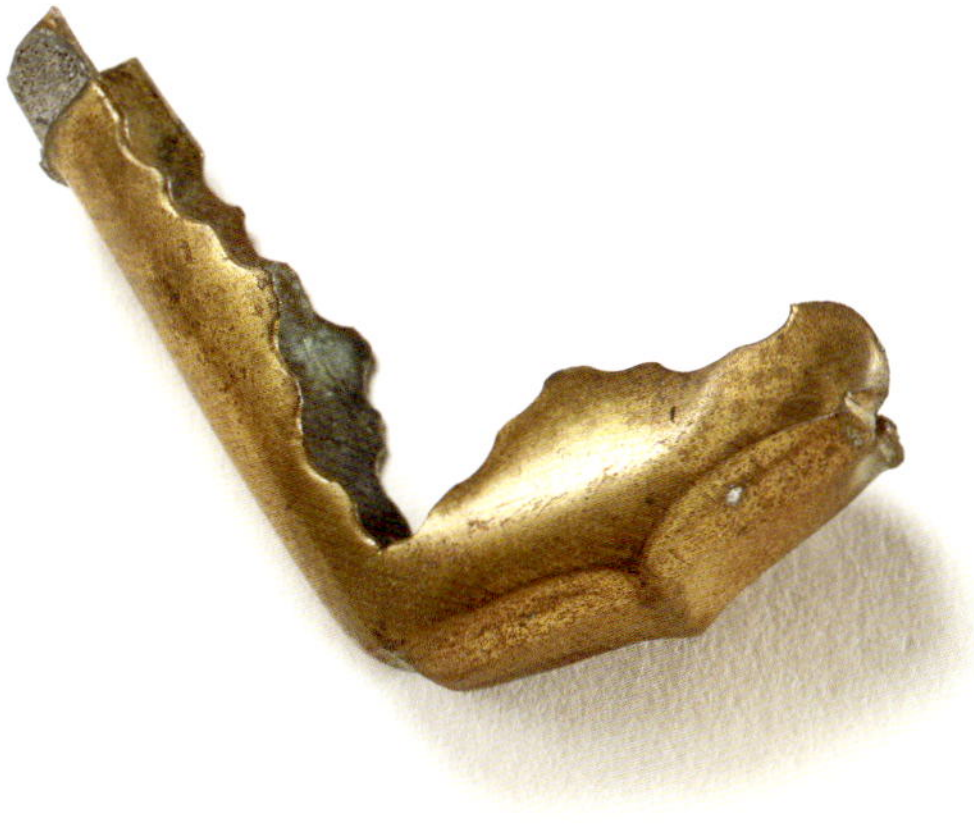

⑭**鞘尻金具**（鎌倉～室町時代、十四～十五世紀／太宰府天満宮所蔵）

No.⑲（51ページ）の中広形銅戈。根元に鳥装の司祭者を示す

②

弥生の祭器と太宰府天満宮の近世

太宰府天満宮をとりまく一帯では、かつて青銅器が出土したとの伝えがあります。江戸時代にそれをしらべた学者がいました。そして太宰府天満宮や竈門《かまど》神社には、いまも弥生時代の青銅器が伝えられています。

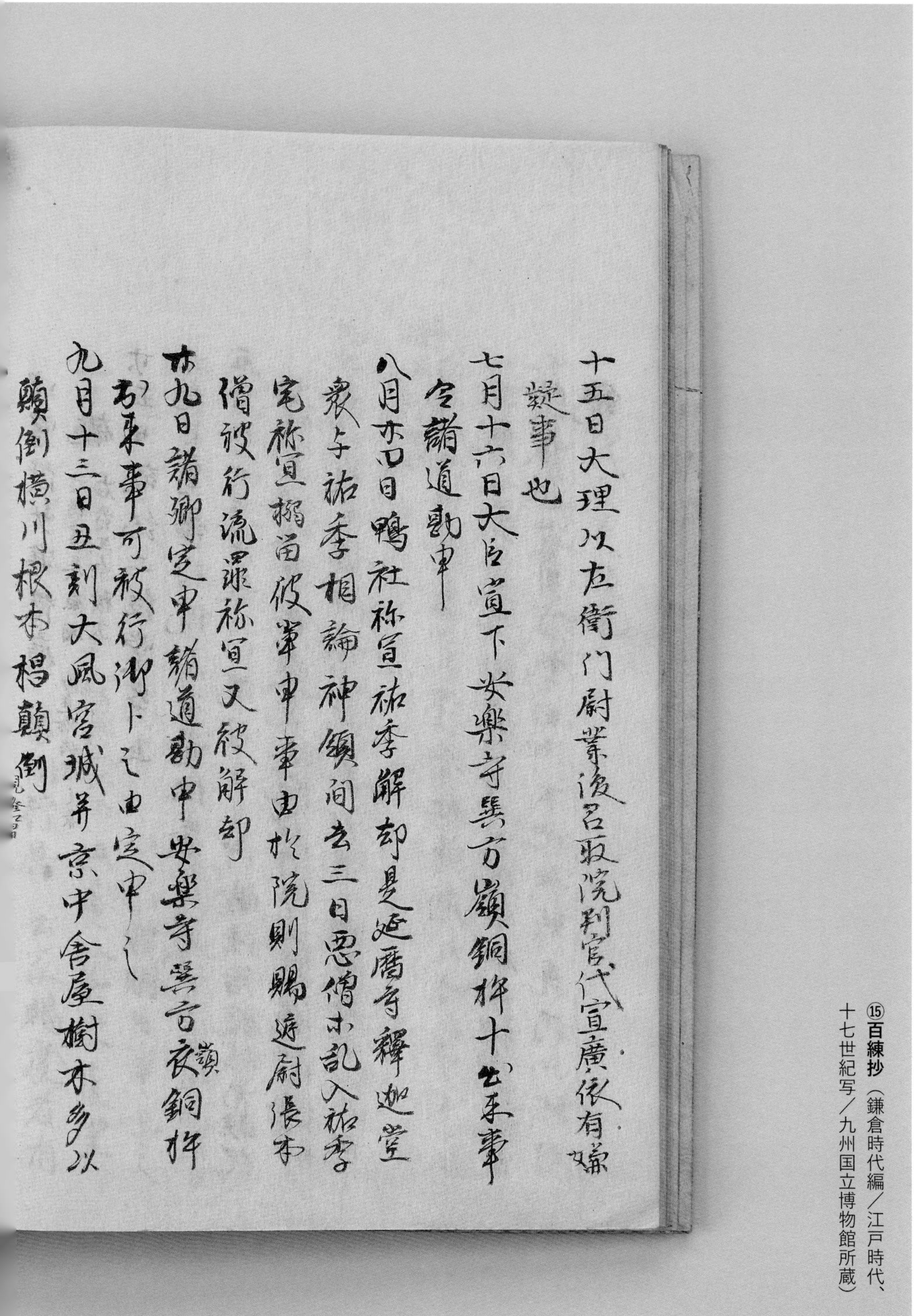

十五日大理以左衛門尉業俊召取院判官代宣廣依有嫌
疑事也
七月十六日大臣宣下安樂寺異方顛銅杵十六本事
令諸道勘申
八月廿日鴨社祢宜祐季解却是延暦寺釋迦堂
衆与祐季相論神領間去三日悪僧等乱入祐季
宅祢宜搦留彼輩申事由於院則賜遣尉張本
僧被行流罪祢宜又被解却
廿九日諸卿定申諸道勘申安樂寺異方顛銅杵
出来事可被行御卜之由定申之
九月十三日丑剋大風宮城并京中舎屋樹木多以
顛倒横川根本相顛倒

⑮**百練抄**（鎌倉時代編／江戸時代、十七世紀写／九州国立博物館所蔵）

七月十六日条、
安楽寺《あんらくじ》南東の嶺で銅矛《どうほこ》十本発見……

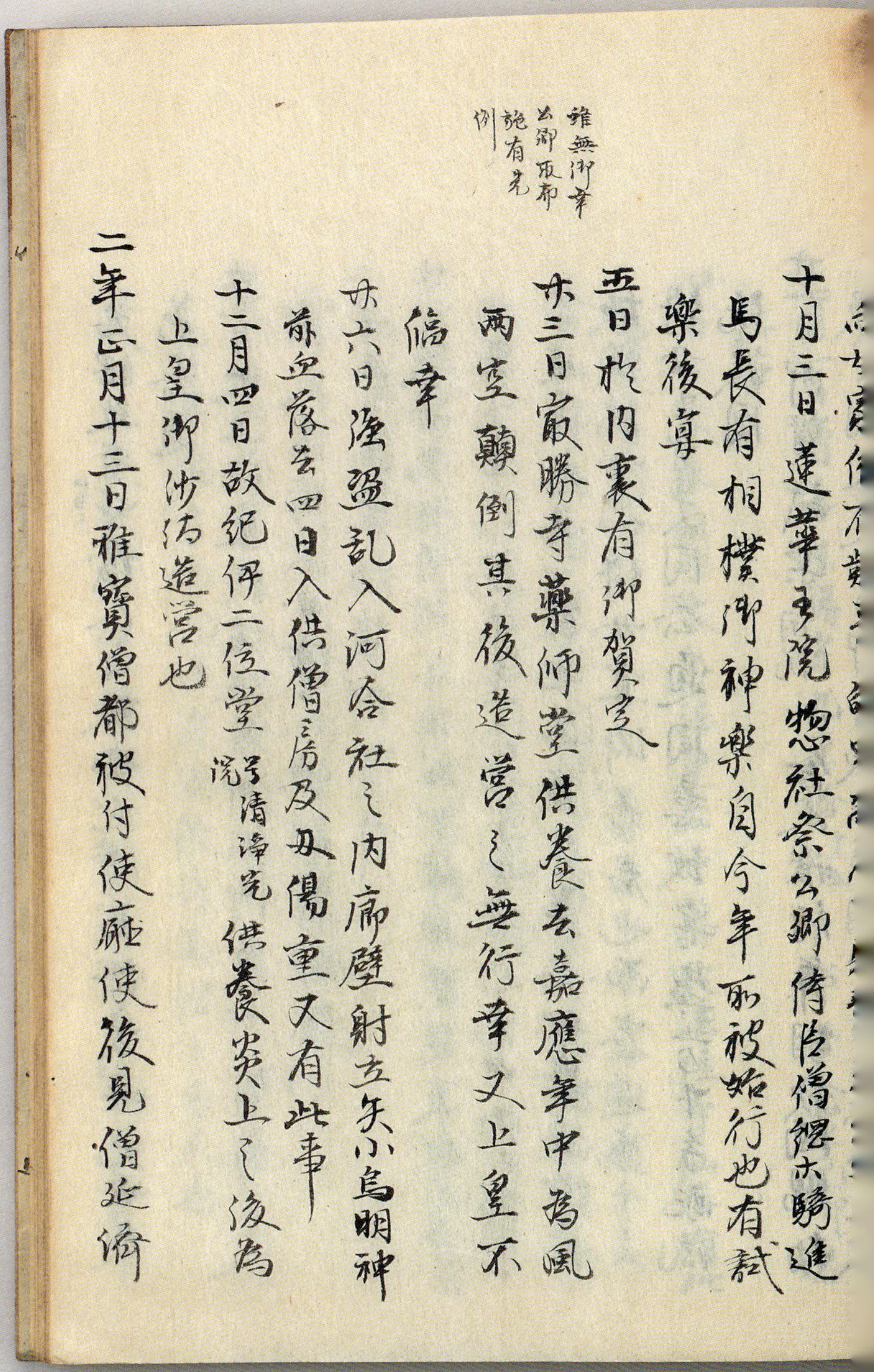
十月三日蓮華王院惣社祭也御侍臣僧綱六騎進
馬長有相撲御神樂自今年所被始行也有試
樂後宴
雖無御幸也御取布施有先例
五日於内裏有御賀定
廿三日最勝寺藥師堂供養去嘉應年中為風
雨空顛倒其後造営之無行幸又上皇不
臨幸
廿六日強盗乱入河合社之内廊壁射立矢小鳥明神
前血落去四日入供僧之房及殺傷童又有此事
十二月四日故紀伊二位堂（号清浄光院）供養炎上之後為
上皇御沙汰造営也
二年正月十三日雅寶僧都被付使廳使後見僧延濟

二人の国学者と古代への情熱

――太宰府天満宮の銅戈《どうか》はいかにして記録されたか

一瀬智（九州国立博物館）

　江戸時代は、それまでの時代に比べて、学問が大いに発展した時代でした。それには、戦乱の世が終わり、江戸幕府や諸藩の政治に儒学などの学問が役立てられたこと、武士も学問の才や役人としての能力が問われる社会になったこと、また版木《はんぎ》を用いた出版や貸本が盛んになり、庶民も文学に親しみ、寺子屋などで学ぶ機会が生まれたことなど様々な背景が考えられます。下級武士や町人・百姓など庶民にも開かれ、学問の裾《すそ》野《の》が広がったことは、その発展に大きく寄与しました。また江戸時代には海外からも新しい思想や学問がもたらされ、国内の社会・文化に大きな影響を与えました。中国からは朱子学（儒学）や黄檗宗《おうばくしゅう》（仏教）の文化、先進の医学や天文学、本草学《ほんぞうがく》、歴史・地理学などがもたらされています。十八世紀以降は蘭学も大いに普及しました。特に調査や観察などを重視した科学的な学問のあり方は、日本の学問の発展に大きく影響し、暦学や医学の進歩、農業技術の改良、地誌の編纂《へんさん》など、実用的な場面にも役立てられました。

　いっぽう江戸時代の日本で生まれた学問に国学があります。国学は、古事記や万葉集などの古典によって、仏教や儒教が伝来する以前の文化のあり様を探求する学問です。その研究の対象は主に古典ですが、古い時代の遺跡や遺物（古物《こぶつ》）にも高い関心が寄せられました。国学者の中には各地の社寺や旧家に伝わる様々な古物について詳細に観察し、忠実な記録を残した人物も多くみられます。その代表的な人物の一人が青柳種《あおやぎたね》信《のぶ》です。

　青柳種信は明和《めいわ》三（一七六六）年、福岡藩の下級武士の家に生まれました。藩士として様々な任務に携わりながら勉学に励み、やがて国学を志します。寛政《かんせい》元（一七八九）年には伊勢松坂を訪れ、国学の大家である本居宣長《もとおりのりなが》に入門しました。その後も任務の一方で、勉学や諸国の学者との交流を続け、福岡藩を代表する国学者として藩の内外に知られるようになりました。文化《ぶんか》十一（一八一四）年、種信は藩から『筑前《ちくぜん》国続風土記拾遺《くにぞくふどきしゅうい》』（『拾遺』）の編纂を命じられます。『拾遺』は福岡藩内の地理・歴史についてまとめた地誌です。その作成にあたって種信は、古文書や古記録を丹念に調べ、藩内の村々や社寺が提出した調査書をもとに各地で実地調査を行いました。現地では古文書や銘文を書写し、社寺の宝物や出土品の拓本・模写を作成するなど、基礎資料の収集に力を入れています。それは科学的な資料に基づこうとする種信の誠実な研究姿勢によるものでした。

その収集資料の一部と考えられるのが太宰府天満宮の「銅鉾《どうほこ》（実際は銅戈）」の図〔No.⑯・⑰〕です。図は二点ありますが、同じ銅戈を描いています。西高辻《にしたかつじ》家の記録には、文政《ぶんせい》五（一八二二）年十月十九日に種信が『拾遺』編纂の調査のために天満宮の古文書や「古銅矛」を閲覧したことがみえ、この時に作られた図と考えられます。図には銅戈に関する様々な注記が添えられていますが、特に出土状況について、種信は『拾遺』に次のように記しています。

天明《てんめい》四（一七八四）年二月六日、宰府《さいふ》村の清太という牧童が高雄山の南の尾根で薪を取っていたところ、六反田の西で十一本の銅矛を発見した。大きい矛で長さ一尺五寸・幅三寸（約四五・五㎝、九・一㎝）、小さい矛は長さ一尺二寸五分、幅二寸五分（約三七・九㎝、七・六㎝）あり、それらは現在、太宰府天満宮に納められて神宝となっている。

また福岡藩の記録にも、同じ日付のできごととして、

宰府村百姓の清太郎が松葉かきに出かけ、片野山六反田の岸の崩れ口で銅矛十一本を掘り出した。格別の古物で、何らかの由緒もありそうな品なので、天満宮に神納し、永く同社で相伝するように取り計らった。

という郡奉行からの報告が記録されています。なお文化三（一八〇六）年作成と考えられる「太宰府旧蹟《だざいふきゅうせき》全図《ぜんず》（北図）」〔47ページ〕には、高雄山（「高尾城」）の南へ伸びる尾根の先に「六反田」の地名、そして「◯ドウホコイツル（銅矛出づる）」という書き込みがあります。

もう一人、江戸時代に太宰府天満宮の銅戈を記録し

福岡藩の国学者青柳種信《あおやぎたねのぶ》が描いた銅戈《どうか》

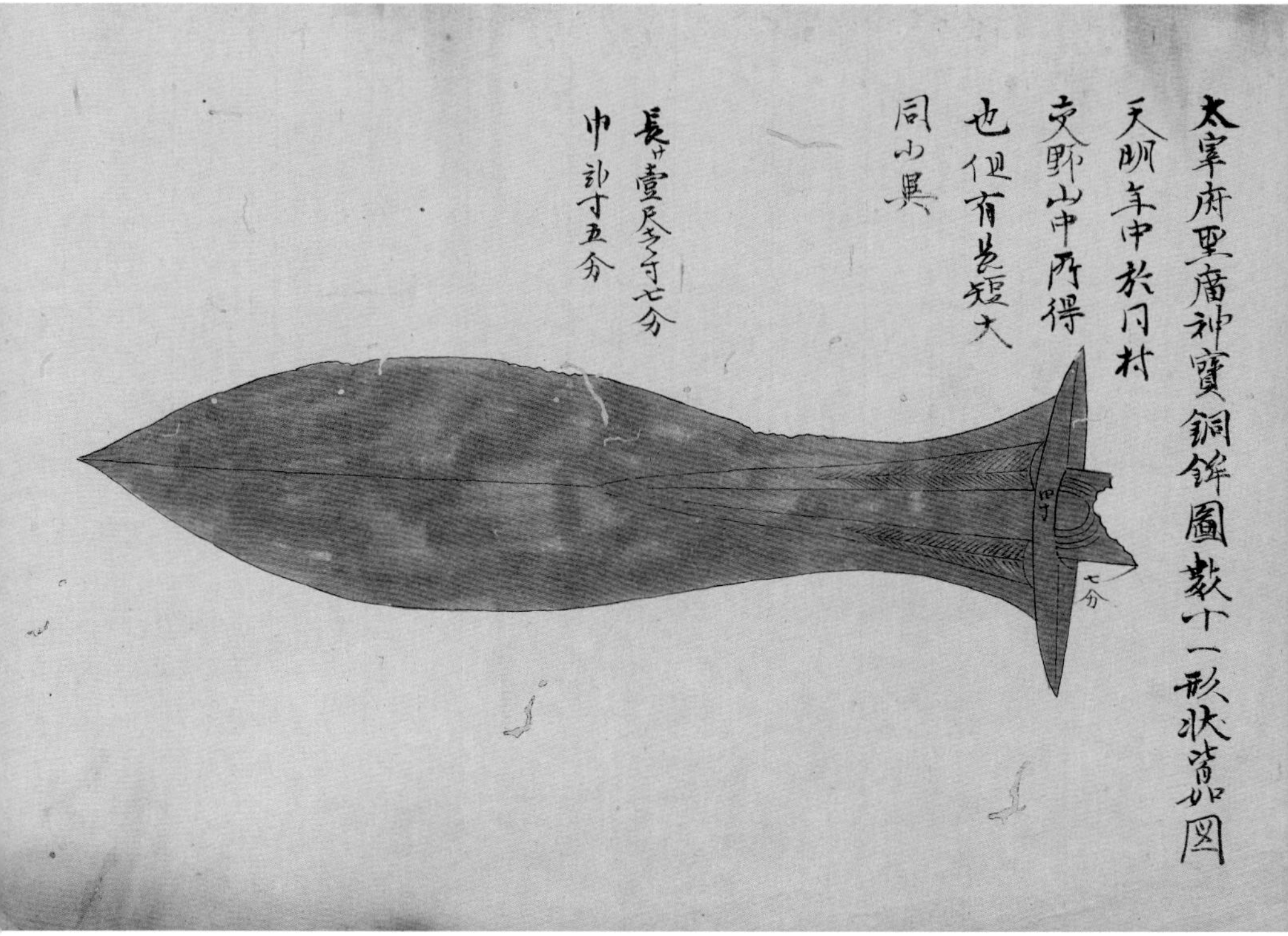

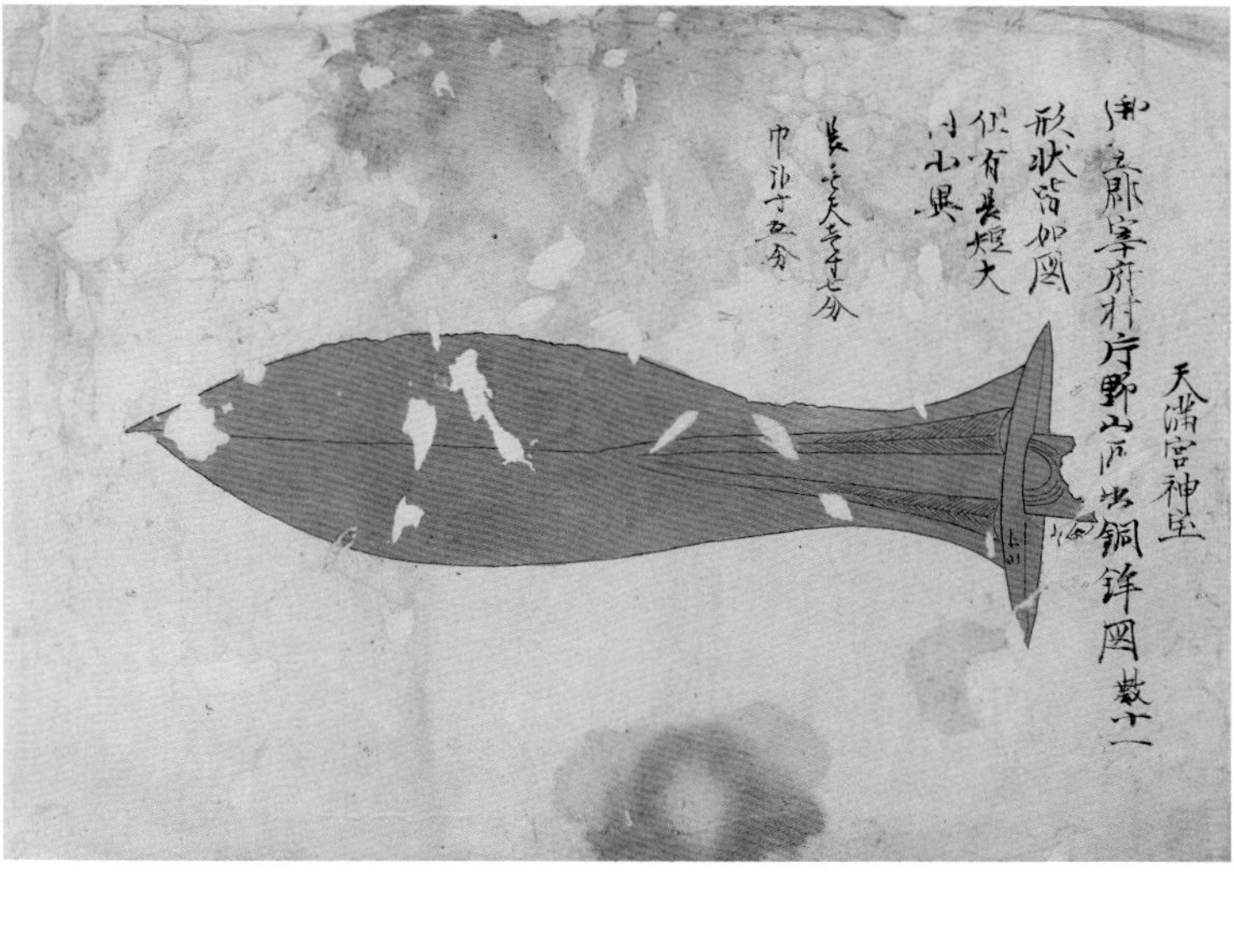

上⑯太宰府聖廟神宝銅鉾図（青柳種信筆／江戸時代、十九世紀／福岡市博物館所蔵）

右⑰天満宮神宝銅鉾図（青柳種信筆／江戸時代、十九世紀／福岡市博物館所蔵）

宰府《さいふ》村の百姓が掘り出した銅戈の出土地を記録

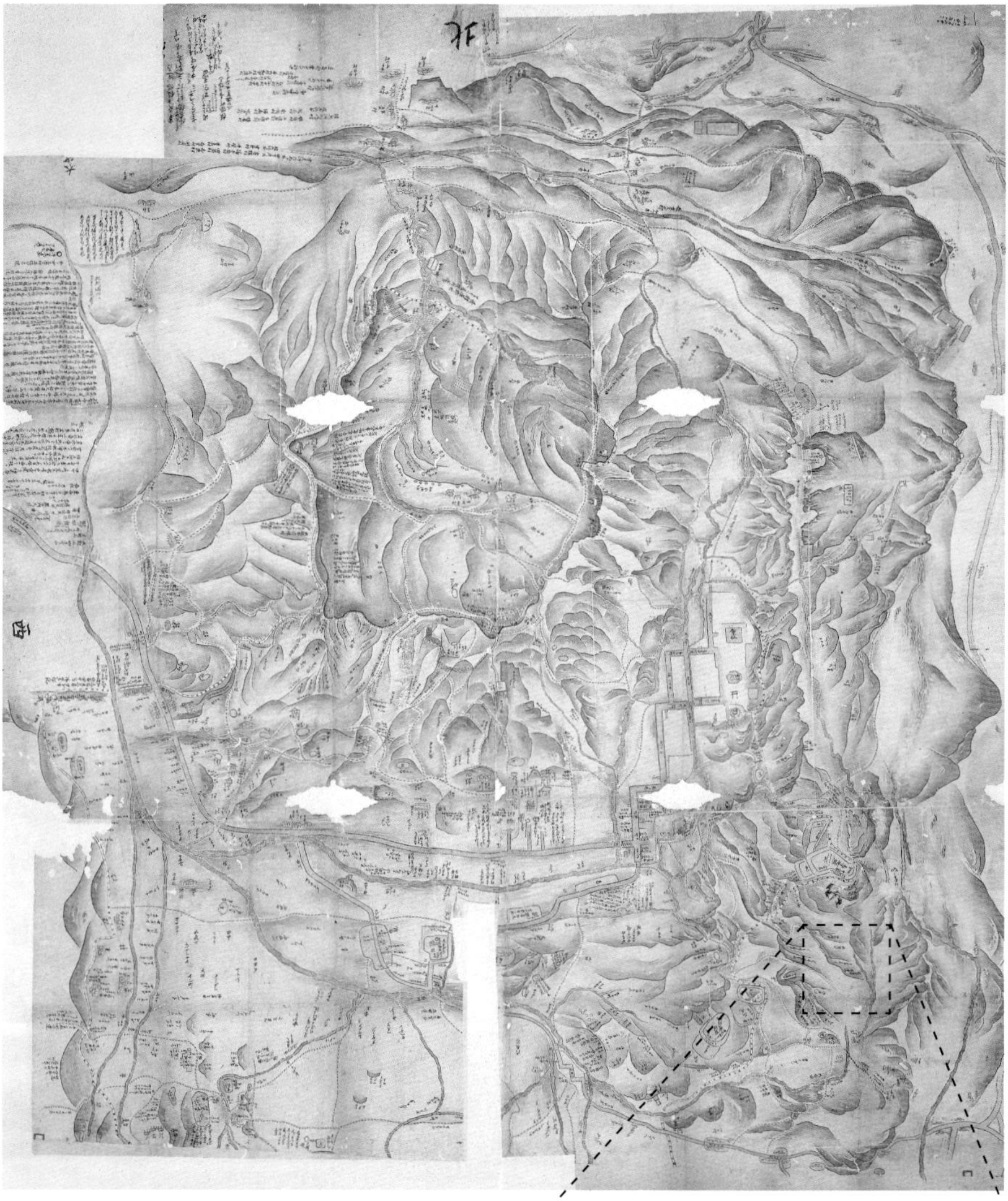

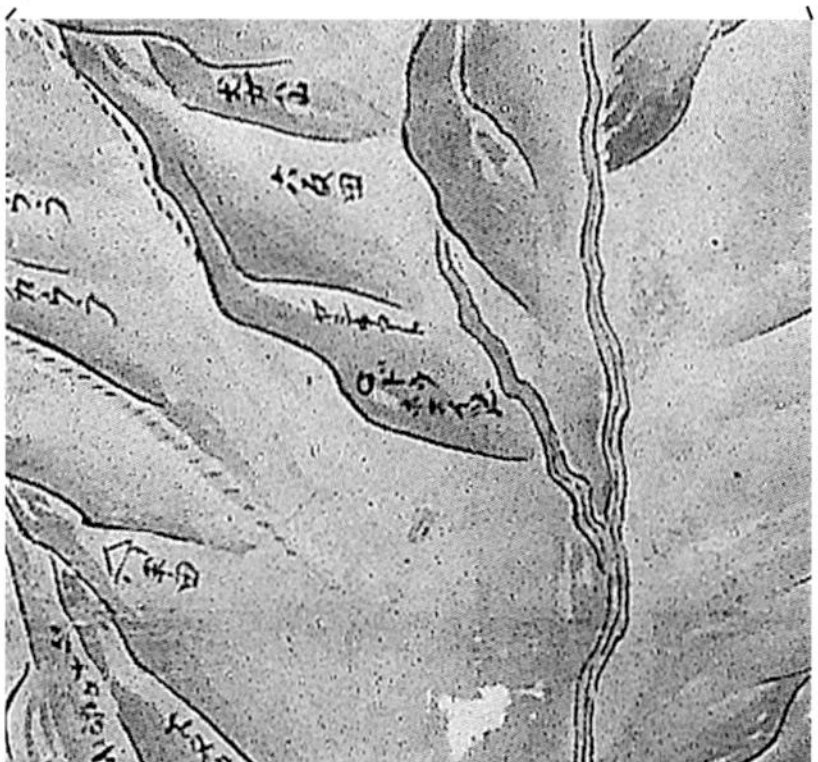

太宰府旧蹟全図（北図）（江戸時代、十九世紀／個人所蔵／写真提供・九州歴史資料館）。拡大図中央に「ドウホコイツル」の文字が見える。

た人物に後藤碩田《せきでん》がいます。碩田は文化二（一八〇五）年に豊後国大分郡乙津《おとづ》村（大分市乙津）の豪商の家に生まれました。幼くして儒学、やがて国学を学び、自らの思想・学問を切り拓《ひら》いていきました。碩田の学問も、交流する文人や学者から蔵書を借りて筆写し、近隣諸国の社寺や旧家に赴いて古文書や古物を記録し、また実地調査を重視するなど、基礎資料の収集に重きを置いたものでした。こうして収集された資料は、のちに五百冊もの『碩田叢史《せきでんそうし》』としてまとめられています。

また碩田は、甲冑や刀剣、経筒などの古物の図や拓本を『尚古延寿《しょうこえんじゅ》』［No.⑱］にも残しました。実物が現存しない資料もあり、大変貴重な記録です。その中に「筑前太宰府之社地所出銅矛之押形」と題された拓本が収められています。天保《てんぽう》十三（一八四二）年二月に碩田が記録したものです。その脇には、『扶桑略記《ふそうりゃっき》』からの引用として「高倉天皇の安元年間に銅矛二十五本を鋳造し、太宰府の神庫に納めた」という記事が添えられています。碩田は「太宰府之社地」出土と伝わるこの銅戈と、実際には『百練抄《ひゃくれんしょう》』［No.⑮］に載る安《あん》元《げん》元（一一七五）年の太宰府における銅矛出土の記録をリンクさせて解釈したのでしょう。

「尚古延寿」という書名には、「古い時代の文物を尊び、末長く伝えていく」という意味があります。また種信も『拾遺』の編纂にかかる調査を通じて、失われつつある古物や遺跡の現状を目の当たりにし、その保護への思いを大変強くしました。天満宮の銅戈を記録した二人の学者は、古物への好奇心だけではなく、現代にも通じる文化財の保護や、科学としての古物・歴史研究に対する真摯な思考を持った人物として、特筆すべき存在といえるでしょう。

【主な参考文献】

・『福岡県史　通史編　福岡藩文化（上）』一九九三
・大分市歴史資料館『豊後の博学　後藤碩田』一九九三
・『太宰府天満宮連歌史　資料と研究Ⅱ』一九八一
・『福岡県史　近世資料編　福岡藩御用帳（一）』一九八八
・森浩一編『考古学の先覚者たち』中公文庫、一九八八

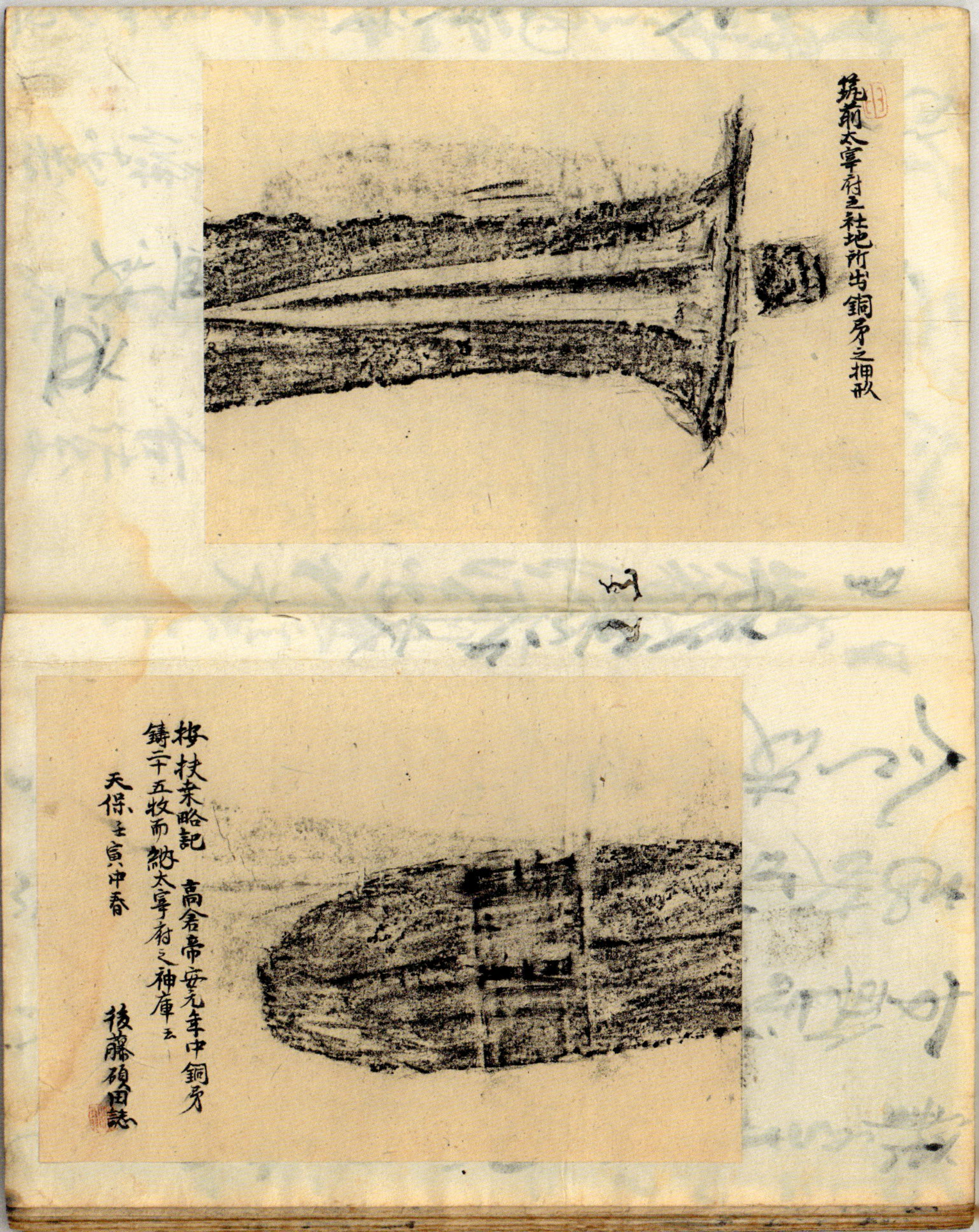

青銅器研究の一級資料、
後藤碩田《せきでん》の拓本

⑱**尚古延寿**（後藤碩田筆／江戸時代、十九世紀／大分県立先哲史料館所蔵）

青銅器はなぜ神社に伝わるのか

市元塁（九州国立博物館）

弥生時代と青銅の祭器

弥生時代とは、今から二千数百年前から千八百年くらい前のあいだを指し、それを現象面からひらたくいえば、日本列島に米作りと金属器とが広まった時代と定義することができます。このうち、金属器の代表格が青銅祭器です。青銅祭器には鏡のほか楽器と武器に由来するものがあります。つまり、銅鐸《どうたく》は風鈴のようになかに棒を垂らして鳴らす楽器であり、銅剣《どうけん》、銅矛《どうほこ》、銅戈《どうか》はいずれも武器に由来します。このうち、銅矛とは、槍や長刀のようなすがたを想像するとよいでしょう。底がソケット状になっていて、そこに棒を挿します。銅戈は、刃の向きと直交するように長い柄《え》をつけるのです。青銅祭器とはいっても、武器に由来する各種は、もともとは純然たる武器としての機能をそなえていました。刃は鋭く研《と》ぎ出されていますし、また、各地の遺跡では銅剣の切っ先が刺さった状態の人骨がみつかることもあります。それが次第に祭器へと特化していきます。刃は鋭さを減じ、見た目を重視して大ぶりになっていきます。そしてこのころから、祭祀の一環として、さまざまな場所に埋められるようになるのです。

青銅器がみつかる場所

青銅器は、ことにそれが武器としての役割をのこしている段階は、副葬品として甕棺や石棺におさめられることも多かったようです。ところが、祭器としての性質が強まると、人々の生活圏から少し離れたような場所でみつかることも多くなります。その様相はじつに多彩。たとえば、山に埋められる場合でも、それが山頂や尾根上であることもあれば、斜面上や、山裾の場合もあります。平野部に埋められる場合も、集落内とおぼしき場所であることもあれば、集落の周辺や、むしろ海辺というべき場所のこともあるのです。このうち、武器に由来する青銅祭器についていえば、丘陵部での出土が全体の八割ほどを占め、なかでも丘陵斜面と丘陵上が群を抜いて多いことがわかっています。けれども、そこになんらかの規則性を見出す

九州を代表する修験道場、
竈門《かまど》神社に伝わった
弥生の祭器

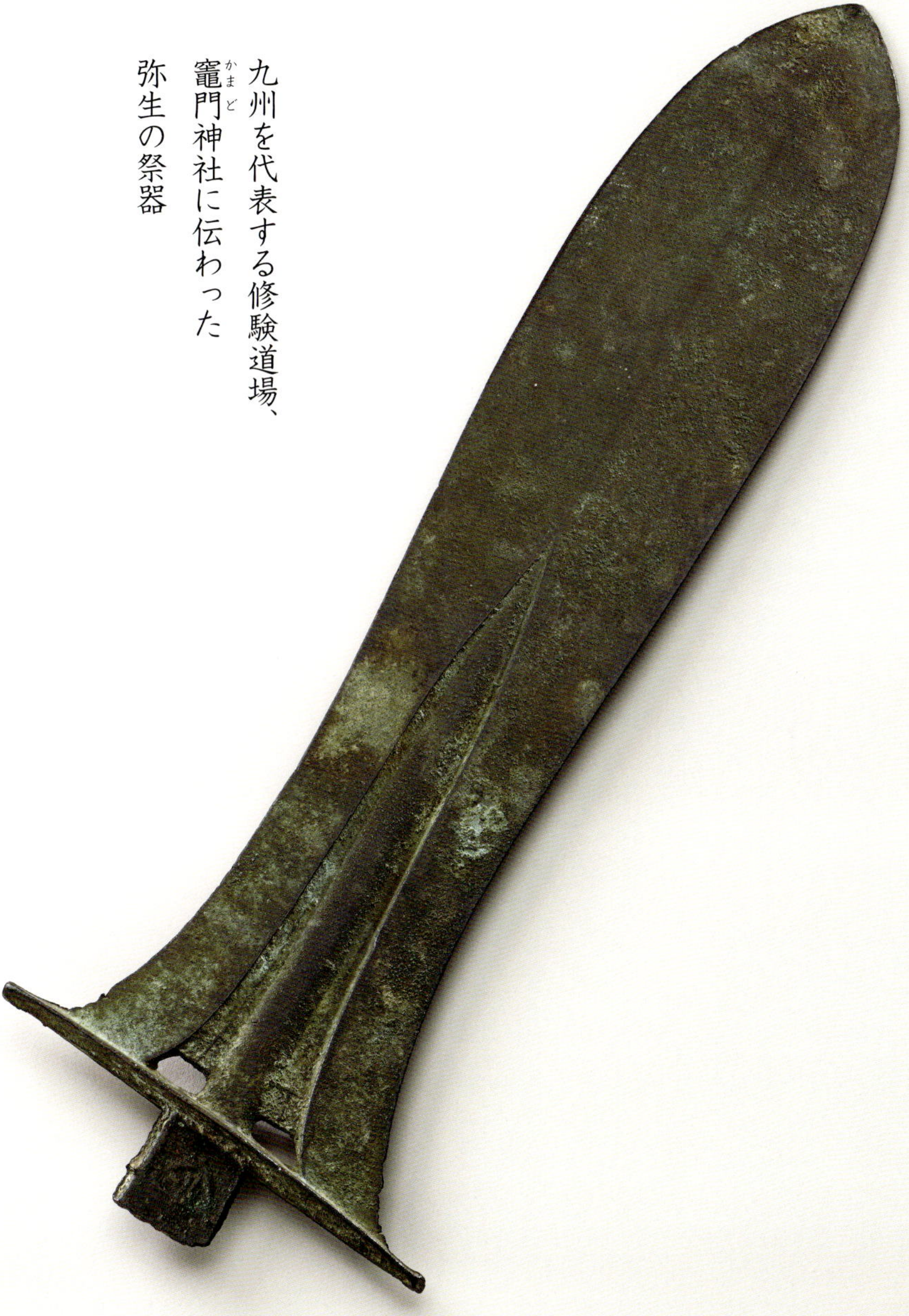

⑲中広形銅戈（弥生時代、一世紀／竈門神社所蔵）

のはなかなか困難です。しかし、こうした青銅器の多くが開墾や工事の際のいわゆる不時発見によるという事実をふまえますと、こうした青銅器が、現代の私たちからすれば、「思いもよらない場所」に埋められるという点で共通しているということだけは確かなようです。

神社に伝わる青銅器

弥生時代の青銅器は、いまは各地の博物館や資料館でみることができます。そのいっぽうで、各地の社寺、とくに神社にも多くの青銅器が伝えられています。このことは研究者にはよく知られたことでも、一般にはあまり知られていないと思います。目にする機会が限られているからかもしれません。ただ、高知県四万十町の高岡神社では、長年にわたって祭礼行事に社伝の銅矛が使われており、こうした場合は、地元の人も目にする機会があったことでしょう。

それでは、なぜ神社に弥生時代の青銅器があるのでしょう。これには大きく二つの傾向があります。ひとつは、周辺地域でみつかったものが、のちに神社に奉納される場合。いまひとつは、神社の敷地内や裏山などで見つかったものが、そのまま神宝として神社におさまる場合です。

前者については、地中から想定外のものが出たことに対する畏怖《いふ》の気持ち、あるいはめでたい前兆として、神社に奉納されたのかもしれません。太宰府天満宮にも、太宰府市片野山出土と伝える銅戈があり、また福岡県内の朝倉や糸島地方で出土した銅矛も収蔵されていますが、これらはそうした後世の奉納品とみられます。

後者の、神社の敷地内やそのごく近くから出土する場合を考えてみましょう。こうした場合、弥生時代の祭祀の場と現代の神社の立地とになんらかの関係性があるのではとも思いたくなります。研究者の間でも、しばしばこの手の話題で盛り上がることがあります。けれども、なかなか結論にはいきつきません。ただ、弥生時代というのは、米作りがひろまり定住化がすすみ、その後につながる集落景観のいしずえを築いた時代と位置付けることができます。であれば、弥生時代の祭りの場と、神社などの立地が近接してくる可能性は十分に考えられるのです。この点において、青銅器と神社とには、日本人の心の奥深くでつながる共通する神性があるともいえましょう。

太宰府の南、
片野山から出土した
十数本の銅戈《どうか》のうちの一振《ひとふり》

⑳**中広形銅戈**（伝一七八四年太宰府市片野山出土／弥生時代、一世紀／太宰府天満宮所蔵）

現在、太宰府天満宮には先にふれた青銅器以外にも、竈門神社下宮《げぐう》宝物として伝えられている銅戈が保管されています。その出土地の詳細は伝わっていません。ただ、日本各地の出土事例を参考にすれば、この銅戈が埋められていた土地と、竈門神社の立地とに何がしか関係があったとしても不思議ではないのです。

太宰府天満宮や竈門神社を詣でるとき、こうした弥生時代の青銅器にも思いを馳せてみてはいかがでしょうか。

かつて片野山と呼ばれていた高雄の丘陵

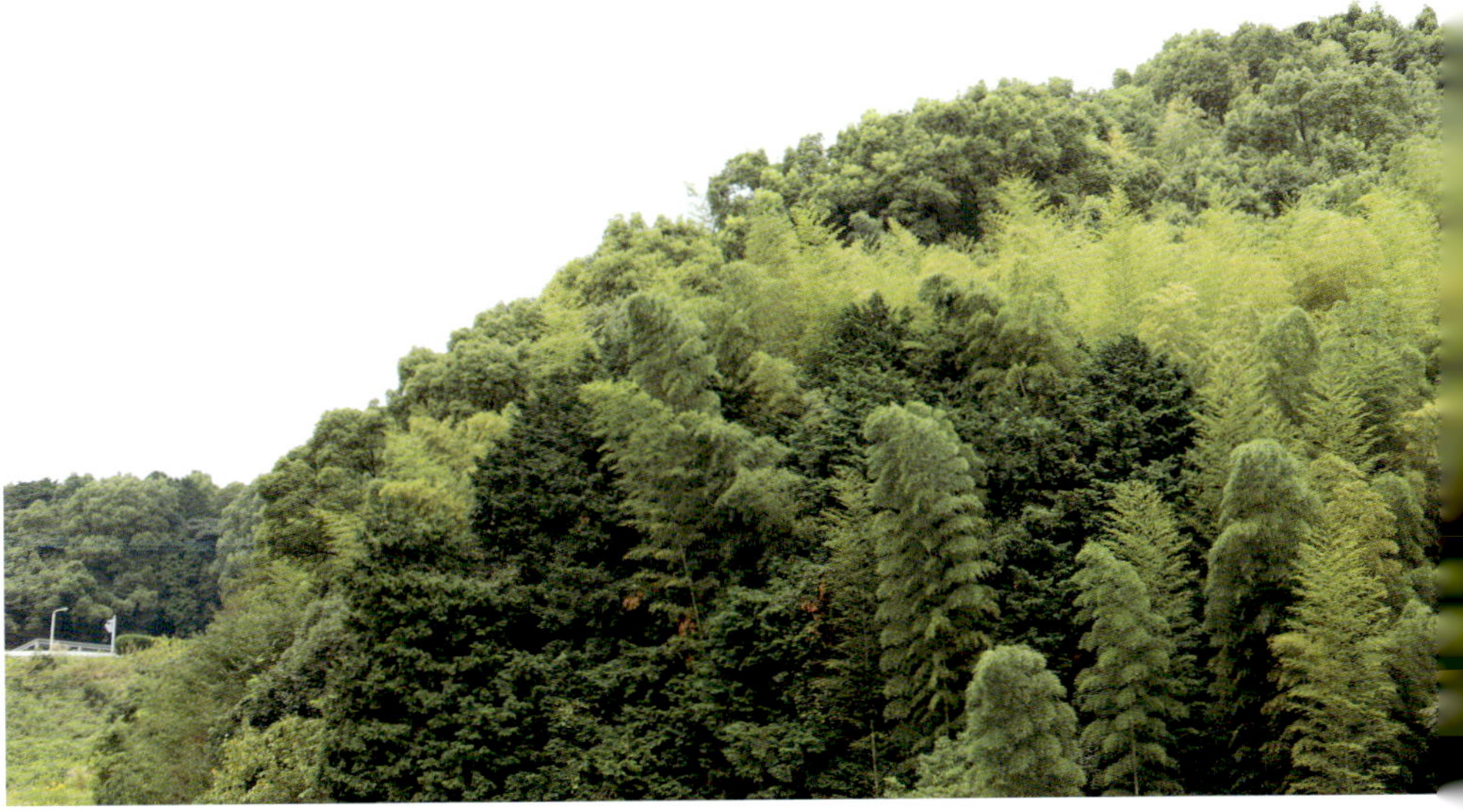

地元の収集者から太宰府天満宮に奉納された平安時代の瓦片（No.㉑〜㉓＝59ページの反対側）。いずれも道真との縁の深い場所で採集されたもので、太宰府の貴重な考古資料といえる

③ 宝ここに集えば

——近現代の太宰府天満宮

いま天満宮には、寄進や奉納など、さまざまな来歴の品々がおさめられています。太宰府天満宮が、地域の人々と歩みを共にしてきた証しともいえましょう。そうした品々には、土地の歴史と深く結びついた、多くの考古資料も含まれています。

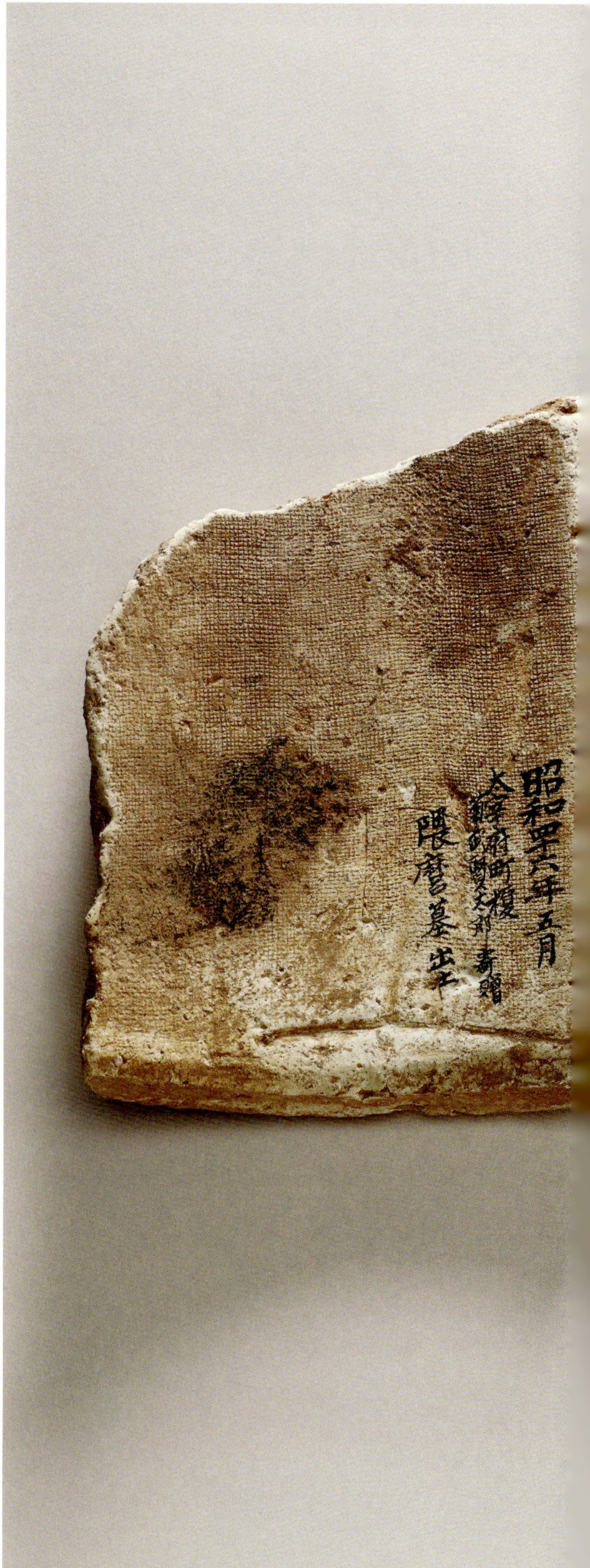

太宰府天満宮の地宝の集い方

小嶋篤（九州国立博物館）

太宰府天満宮には偶然発見された考古資料を含む数多くの地宝が納められています。このコラムでは、「これらの地宝がどのように太宰府天満宮に集ったのか」を考えてみます。地宝というと、大きく重厚な青銅器や古墳に副葬された鉄器、金色に輝く装飾品に目が向きます。これらは造形的に優れ、かつ郷土の歴史を紐《ひも》解く重要資料であり、まさしく地宝と呼ぶに相応しいものです。しかし、本コラムでは『太宰府天満宮の地宝』をより端的に探るために、あえて地宝として納められた「瓦の破片」に注目します。

「なぜ、瓦の破片に注目するのか？」

その理由は大きく二つあります。理由①は「瓦の破片は数量が多い」からです。お寺や民家の屋根を思い浮かべてみてください。一つの建物に何百もの瓦が葺《ふ》かれています。一枚の瓦が壊れると、破片に分かれて数量はさらに倍増します。このため、遺跡の発掘調査では数多くの瓦の破片が見つかるのです。発掘調査をしなくても、観世音寺や国分寺のような由緒ある古刹の境内を歩くと、新旧入り乱れた各時代の瓦の破片が目につきます。瓦の破片は数量が多く、しかも、ごく身近にある資料と言えるでしょう。つまり、数量が多い資料に注目することで、地宝の集い方に〝法則性〟が見出せると考えたわけです。

次に理由②として、瓦の破片には「太宰府天満宮に納められた理由がある」からです。当然、すべての地宝に奉納された理由があるのですが、瓦の破片にはより明確な理由が存在すると考えられます。なぜならば、瓦の破片を拾うことはあっても、それを「太宰府天満宮に納めよう」とは一般的に考えないからです。つまり、瓦の破片を奉納した人物は、太宰府天満宮と結ぶ〝なにか〟を見出し、明確な意図をもっていたと考えるべきでしょう。その〝なにか〟に注目することで、太宰府天満宮の地宝の〝特性〟を明らかにできると考えました。

以上をふまえて、太宰府天満宮の地宝として納められた瓦の破片を見ていきましょう。

郷土の収集者が天満宮に奉納。平安期の建築様式を伝える道真ゆかりの屋根瓦も

まず、太宰府天満宮で採集された瓦の破片を観察します。太宰府天満宮北苑で採集された平瓦には、「安《あん》楽寺《らくじ》」のスタンプが確認できます。安楽寺は平安時代における太宰府天満宮の古称です。したがって、瓦にスタンプされた安楽寺は瓦の供給先と判断でき、太宰府天満宮と直接関係する資料と評価できます。なお、この平瓦は地元の二日市小学校の生徒から奉納されていました。古瓦と鑑定した小学生の学識の豊かさに感嘆します。

次に、昭和四十六（一九七一）年五月に菊武賢太郎さんが太宰府町榎で採集された平瓦「No.㉓」を取り上げます。この平瓦は凸面に斜格子叩き、凹面に布目の痕跡が残されており、平安時代の大宰府で使用されていたものと判断できます。では、なぜこの平瓦が太宰府天満宮に納められたのか。その理由は、出土地と

右㉑平瓦　銘賀茂（都府楼出土、江藤正澄収集／平安時代、九〜十世紀／太宰府天満宮所蔵）
中㉒軒丸瓦（一九七〇年太宰府天満宮出土／平安時代、十〜十一世紀／太宰府天満宮所蔵）
左㉓平瓦（隈麿墓出土、一九七一年菊武賢太郎寄贈／平安時代、九〜十世紀／太宰府天満宮所蔵）

して記された「隈麿墓《くままろ》（隈麿公のお墓）」の存在です。隈麿とは、昌泰《しょうたい》四（九〇一）年に大宰府へと左遷された菅原道真の子息であったと伝えられています。隈麿は道真とともに大宰府に赴き、当地にて亡くなりました。その遺体は、道真と隈麿が暮らした府の南館（現・榎《えのき》社《しゃ》）の東側丘陵に埋葬され、現在にいたるまで隈麿墓として地域の人々により守り伝えられてきました。実は、瓦を採集された菊武さんは、自費で隈麿墓を整備された功労者でもあります。菊武さんは日々のお世話の中で見つけた隈麿墓の瓦を、菅原道真と隈麿の縁を偲《しの》んで、太宰府天満宮に納められたのだと考えられます。なお、現在では、隈麿墓は「太宰府市民遺産（第七号）」の一つとして榎文化保存会を中心に守り継がれています。

最後に「都府楼」と墨書された平瓦［No.㉑］を取り上げます。この平瓦も凸面に斜格子叩き、凹面に布目の痕跡があります。また、斜格子の間にある左右が逆転した「賀茂」のスタンプは、瓦をつくった工房の目印ではないかと考えられています。これらの特徴から、この平瓦も平安時代の瓦と判断でき、さらに採集地が都府楼とあることから大宰府政庁の建物に葺かれていた可能性もあります。奉納された方は、大宰員外帥《だざいいんがいのそち》としての菅原道真と大宰府政庁の縁に思いを馳せたのではないのでしょうか。

以上、太宰府天満宮に納められた瓦の破片のうち、代表的な事例を取り上げました。これらの事例は、①太宰府天満宮の瓦、②榎社・隈麿墓の瓦、③大宰府の瓦の三者に分類できます。法則性という視点で見れば、いずれも菅原道真公と縁のある場所で採集された点が共通します。奉納者は、採集した瓦の破片と太宰府天満宮を〝天神様（菅原道真）とのご縁〟で結んでいたのです。このように、太宰府天満宮の地宝の特性は、天神様を身近に感じる太宰府の歴史的風土にあると考えられます。

五世紀に流行した
蕨手刀子《わらびてとうす》や
朝鮮渡来の鋳造鉄斧《てっぷ》が
太宰府唯一の
前方後円墳を含む
成屋形《なりやかた》古墳群から出土

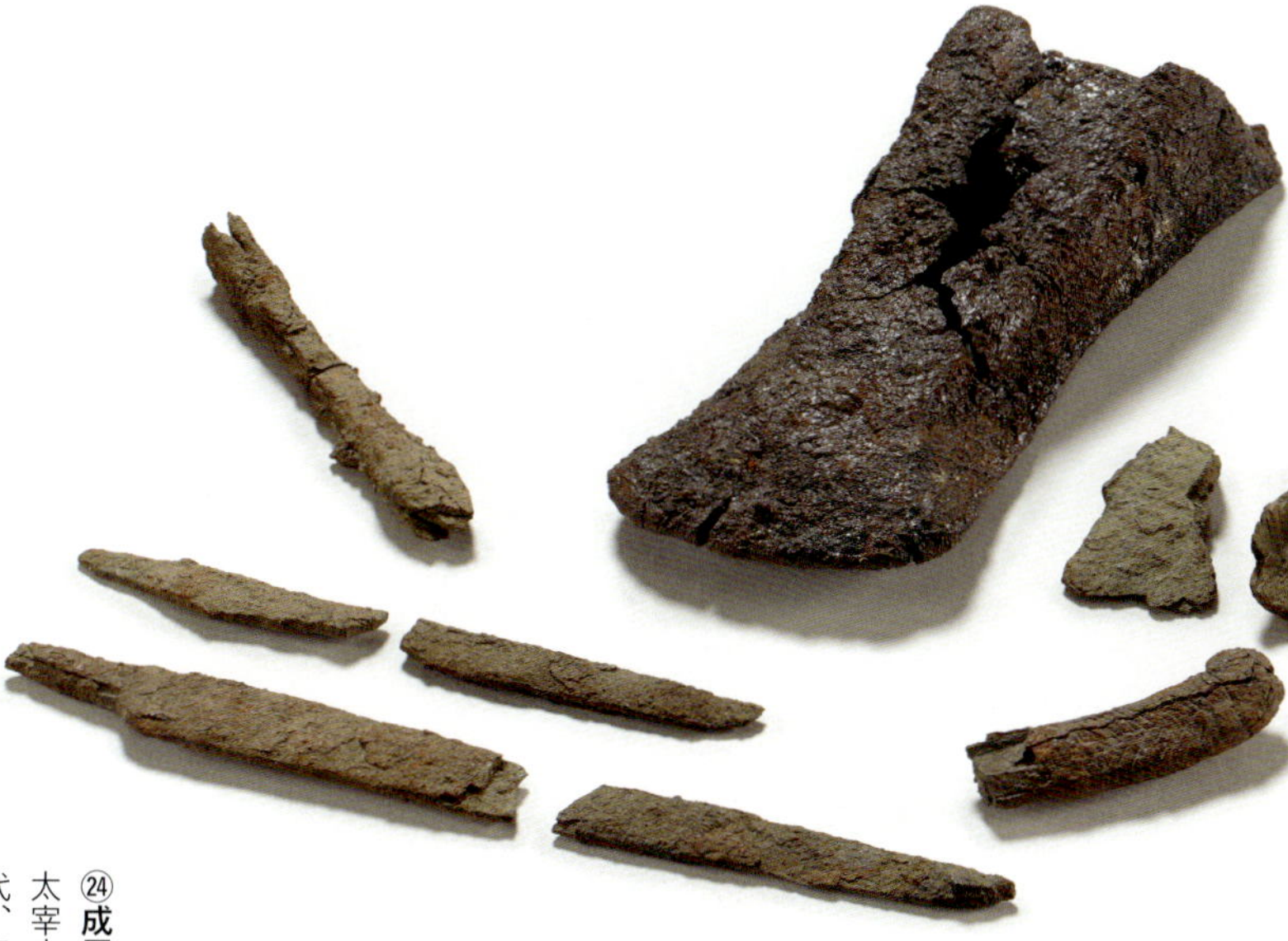

㉔**成屋形古墳群出土品**（一九六三年太宰府市成屋形古墳群出土／古墳時代、五世紀／太宰府天満宮所蔵）

㉕細形銅矛（一九三四年糸島市西古川遺跡出土、一九八〇年奉納／弥生時代、前一世紀／太宰府天満宮所蔵）

発掘した中学生が出土状況を記録し天満宮へ奉納

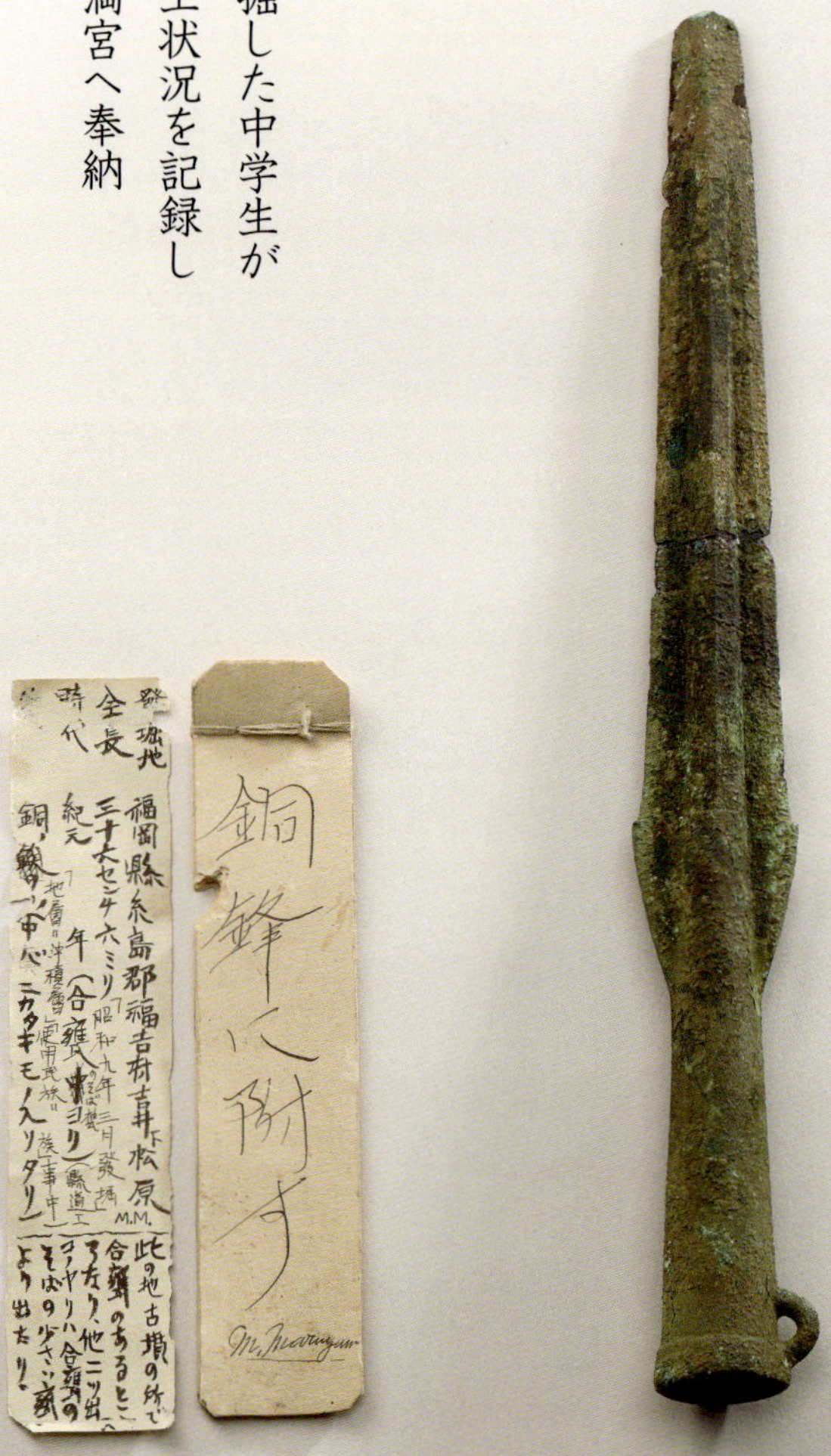

研ぎ分けによる
縞《しま》模様が語る
弥生期九州の〝技術力〟

㉖中広形銅矛（福岡県甘木市下渕出土／弥生時代、一世紀／太宰府天満宮所蔵）

九博の敷地内に移築された浦ノ田の中世墓地

④ 天神さまの杜《もり》から九博へ

太宰府天満宮と九州国立博物館は、天満宮アクセスとよぶトンネルによってつながっています。トンネル工事に先立ち発掘調査を実施したところ、中世の墓が次々と姿をあらわしました。長く忘れられていた土地の記憶がよみがえった瞬間でした。

骨蔵器《こつぞうき》になった
古瀬戸の
やきもの

㉗**古瀬戸骨蔵器**（二〇〇二年太宰府市浦ノ田遺跡（天満宮アクセス）出土／鎌倉時代、十三〜十四世紀／九州歴史資料館所蔵）

九博百年

――誘致運動から浦ノ田遺跡の発掘まで

市元塁（九州国立博物館）

九州国立博物館の開館は、九州百年の夢といわれてきました。そしてその百年の歴史をひもとくとき、太宰府天満宮との深いかかわりがみえてきます。

日本で最初の博物館ともいえる文部省博物館が設置されたのは明治四（一八七一）年。当時、日本各地では物産会が開かれ、またパリ万国博覧会（一八六七年）やウィーン万国博覧会（一八七三年）が開催されて日本も参加するなど、人々の目は世界に、そして各地の特色ある品々に向けられていました。

こうした機運は太宰府にも満ちていました。明治六（一八七三）年から翌々年にかけて、太宰府神社の西高辻信厳《にしたかつじしんげん》宮司らは太宰府博覧会を開催し、また明治二十六（一八九三）年には江藤正澄《まさずみ》や吉嗣拝山《よしつぐはいざん》らとともに、菅公一千年紀をひかえ鎮西博物館の設置を計画。内務省の許可をとりつけます。この鎮西とは九州の異称で、天平《てんぴょう》十五（七四三）年に九州統治機関である大宰府を廃してあらためて鎮西府を設置したことにちなみます。西高辻信厳らのまなざしが、ひろく九州一円に向けられていたことがうかがえます。

そのいっぽうで、明治三十二（一八九九）年二月八日付の福岡日日新聞には、かつて東京美術学校（現東京芸術大学）の校長をつとめ、日本美術院の評議員長であった岡倉覚三（天心）の談話「九州博物館の必要」が掲載されます。そして岡倉は説くのです。「余は実に、九州に於て九州博物館設立の必要を認む」、「今日九州に一個の博物館を設け是等の古器を陳列して温故の用に供するは頗《すこぶ》る急務」であると。こうして、九州国立博物館のすがたがおぼろげながら見えてきたわけです。

その後、博物館設置は地元住民、政財界、学術界を巻き込む大きな動きとなっていきます。しかし、その道のりは決して平坦なものではありませんでした。詳しくは高倉洋彰「九州国立博物館の誘致」（『古都太宰府」の展開』）や森弘子『太宰府発見』をご覧いただくとして、ここではその折々に太宰府天満宮の尽力があったことを明記しておきたいと思います。なかで

十六枚の花弁がめぐる南宋の青磁碗

㉘**青磁輪花碗**（二〇〇二年太宰府市浦ノ田遺跡（天満宮アクセス）出土／南宋時代、十三世紀／九州歴史資料館所蔵）

も、昭和四十六（一九七一）年に博物館建設用地として十四万平米もの土地が太宰府天満宮から寄贈されたことは、国立博物館の実現化にむけての大きな促進剤となりました。そしていま、九州国立博物館は天神さまの杜《もり》に抱かれ、多くのお客様をお迎えしているのです。

それでは私たちも九州国立博物館に行ってみるとしましょう。まずは参道を通り、心字池にかかる太鼓橋をわたります。太宰府天満宮の楼門がみえてきました。楼門を抜ければ御本殿。お参りをして、ふたたび楼門をくぐります。ここで足をとめて東南の方角に視線をあげると、小高い丘を縫ってあがる寄せ棟屋根があらわれます。太宰府天満宮と九州国立博物館を結ぶアクセストンネルです。現在、このトンネルは「天満宮アクセス」と呼ばれ、内壁が七色の照明で彩られることから「虹のトンネル」の愛称でも親しまれています。

天満宮アクセス一帯は、木々が繁茂し、緑なす天神さまの杜の一角を形成しています。それでは昔も自然豊かな丘だったのかというと、どうもそうではなさそ

千手観音を意味する
梵字「キリーク」を
刻む板碑

㉙**板碑**（二〇〇二年太宰府市浦ノ田遺跡（天満宮アクセス）出土／鎌倉時代、十三～十四世紀／九州歴史資料館所蔵）

九博建設の際、西側の丘陵地帯から発掘された中世の墓石群は浦ノ田遺跡と命名され、その後調整池の傍に移築された

うです。文化《ぶんか》三（一八〇六）年頃の成立とされる「太宰府旧蹟全図」［47ページ］には、「古ハカヲヲシ」と記されていて、古来、墓が多く築かれていたらしいのです。じつは、これを裏付ける事実が、天満宮アクセスの本体工事実施に先立つ発掘調査によって明らかとなりました。浦ノ田遺跡と命名されたこの発掘現場からは、多くの火葬人骨が出土し、また死者を供養するための梵字を刻んだ供養碑「板碑《いたび》」［No.㉙］も多数確認されました。これにより、ここが中世の一大墓地であることが明らかとなったのです。まさに「いにしえ墓多し」そのものの景観だったのです。

出土品のなかには、骨蔵器として使われた古瀬戸の瓶［No.㉗］がありました。細身の底部から丸みをおびて張りだす肩部にかけてはじつに優美で、表面にかけた釉薬は淡い緑色を発しています。制作時期は十三～十四世紀。当時、釉薬をかけた陶器を生産していた窯は瀬戸だけ。淡い緑色は、海の向こうの宋の青磁を意識しているのでしょう。宋の青磁は高級品でしたが、国内でこれを求める声は高く、そこで瀬戸窯は青磁を模した陶器を生産したのです。他方、さすがは大陸に近い太宰府というべきか、この地では宋の青磁はそれほど珍しいものではありません。浦ノ田遺跡でも十六枚の花弁をあらわした青磁碗［No.㉘］が出土しています。宋の青磁としてはけっして一級品とはいえませんが、当時の日本ではおいそれと手に入る代物ではなく、本州より東になると、出土数はぐっと減少します。

浦ノ田遺跡に立てば、眼下に太宰府天満宮、当時の呼び名でいえば安楽寺《あんらくじ》の境内がひろがっています。葬られた人々は、そして近親者たちは、この地にどのような思いを託したのでしょうか。

浦ノ田遺跡というこの中世の墓地は、九州国立博物館がこの地に築かれ、そして太宰府天満宮とを結ぶ通路が建設されることで再び人々の知るところとなりました。いま、九州国立博物館の敷地内、北側の調整池のほとりにひっそり佇《たたず》む墓石群［右ページ］は、この浦ノ田遺跡の一部を移築したものです。

紀行

九博の〝じもぴー〟研究員が案内する

太宰府 地宝めぐり

文＝今井涼子（九州国立博物館）

＊写真＝木原千裕（京福堂）

太宰府生まれの太宰府育ち。ずっと太宰府に住んでいる、いわゆる「じもぴー」の研究員です。しかし、先祖代々太宰府の住人、というわけでもなく、実は知らないことばかり。頼りないことこの上ない案内人ですが、太宰府の地宝を求めて、いざ、出発！

「たろしゃくさま」とも呼ばれる太郎左近社

朝九時出発。太郎左近《さこん》社から石穴稲荷神社へ

九博に来るにはいくつかのルートがあります。「湯の谷みち」と名づけられた南側階段が私の通勤路です。この階段脇に小さなお堂が建っています。「太郎《たろう》左近《さこん》社《しゃ》」といいます。私は大人になってからここの存在を知りましたが、けっこう知られたお宮のようです。耳や手足の神様といわれているそうで、病気やけがの快癒を願い、手形、足形が奉納されています。お堂の両側には、少々不釣り合いなほど立派な石灯籠。病気快癒のお礼に奉納されたものでしょうか。毎日前を通っていながらこれまでお参りしたことがありませんでしたが、じきに真剣にお頼みしなければならなくなるかも。

さて、九博の近くにはもうひとつ、お宮があります。「石穴《いしあな》稲荷神社」です。地元では石穴神社といえば通じます。連なる赤い鳥居をくぐった先、けっこう急な石段をあがります。足元注意です。九州三大稲荷、霊《れい》験《げん》あらたかなお稲荷さんとして信仰を集めていますが、菅原道真さんをお守りして都から一緒にやってきた神様との言い伝えもあるのだそうです。境内は緑に囲まれていて、住宅地と大学がすぐ近くとは思えないほど

❶小さなお宮の前にはいつもお花が
供えられている
❷❸奉納された手形。患部をなでる
と、不思議と治るそう

❷ ❶
❸

神使のきつねが迎えてくれます

静かです。参拝の際にはぜひ、奥の院にもお参りすることをお勧めします。巨石がごろごろと折り重なる様子には、自然のおおきな力を感じます。この境内の空気感がひとびとをひきつけるのかもしれません。九博職員にひそかに人気のスポットです。

銅戈《どうか》の出土地、高雄山を経て小さな古墳めぐり

石穴神社が鎮座するのは高雄山の北のふもとです。この高雄山の南の尾根から、江戸時代に銅戈が掘り出され、その銅戈は太宰府天満宮に奉納されたという記録が残っています。詳しくは第二章を読んでくださいね。これは記録と実物の両方が現存する貴重な例です。掘り出された場所がわかったらもっとすごい！ので、高雄山の南、高雄公園へ行ってみました。周りをぐるりと見回してはみたものの、いやー、どこだったんでしょうかねぇ。手がかりが少なすぎて、さっぱりわかりませんでした。

高雄山の南の尾根から出た銅戈とは弥生時代に使われたものです。太宰府といえば太宰府天満宮や大宰府政庁跡、観世音寺などが有名で、弥生時代ときいて意外な感じをもたれる方もあるかもしれません。けれど

❶お宮の方が、神社の由来を説明して下さった
❷あちらこちらにきつねがたくさん
❸ご本殿
❹巨石に覆われた奥の院

❸ ❶
❹ ❷

巨石で埋め尽くされた奥の院。靴を脱ぎ、スリッパに履き替えてから参拝します

も、大宰府がおかれるずっと前からひとびとはこの地で暮らしていました。ですからもちろん、古墳だってありました。残念ながら宅地開発や道路建設などでその大部分が消滅しましたが、陣《じん》ノ尾《お》1号墳は墳丘を復元整備していて見学することができます。太宰府唯一の前方後円墳、成屋形《なりやかた》古墳は民有地内に保存されています（公開されていないので見学できません）。

実は私、買い物に行く度にこれは古墳じゃないかと思いながら横を通っていた場所があります。当館研究員（専門：古墳）に聞いてみたところ、やはり古墳とのこと。筑紫野市出身の研究員によると、地元では「兵隊山」というのだそうです。なるほど、丘の頂上に戦没者慰霊碑があります。「原《はら》の前《まえ》古墳」という名前がつけられていますが、発掘調査は行われていないので詳しいことはわかっていません。

原の前古墳の近くにもう一基古墳があります。「埴安《はにやす》神社古墳」といって、埴安神社本殿の裏にある小さな円墳です。横穴式石室で、石室入り口が開いてはいるものの、ほとんど埋まっていて、頭が入るかどうかくらいの大きさしかありません。匍匐《ほふく》前進すれば入れるといわれましたが……。埴安神社古墳に限らず、古墳

❶高雄公園から眺める丘陵
❷思わず石室に吸い込まれそうになる埴安神社古墳
❸原の前古墳。「兵隊山」とも呼ばれ、子どもたちの遊び場になっている
❹太平洋戦争の戦没者を悼む原の前古墳墳頂の石碑

の石室というところはどこでも、現在、さまざまな生物の生活の場になっています。住民の生活をおびやかしてはいけません。どうぞみなさん、見学の際は慎重に。

埴安神社古墳の近くに建物の礎石が残っている場所があります。「杉塚廃寺《すぎづかはいじ》」というお寺の跡です。住宅が密集している中にあるのでわかりにくいのですが、公園になっています。訪れる人が多くはないのがよいらしく、高校生がおしゃべりに花を咲かせていました。遺跡公園で仲良くおしゃべり。いい風景です。

大宰府という役所があったころ、政庁からまっすぐ南にのびる道路を基準に碁盤の目状に道路が通っていて、この碁盤の目の範囲が当時の大宰府のまちでした。今の太宰府市と筑紫野市にまたがっていることがわかっています。かつては、埴安神社古墳、杉塚廃寺も大宰府のまちの範囲内とする意見もありましたが、これまで行われてきた発掘調査成果の積み重ねから、もう少し狭い範囲であることがわかってきました。そうすると、埴安神社古墳と杉塚廃寺は大宰府のまちの外、原の前古墳はまちの中、碁盤の目の西南隅ということになります。実際に移動してみると、かつての大宰府のまちの広がりが実感できます。

道真の子・隈麿《くままろ》の墓

ここらでお昼としましょう。場所は二日市温泉がいいかな。

大宰府の碁盤の目の真ん中あたりに、道真さんの館跡といわれる場所があります。今は「榎社《えのきしゃ》」といって、毎年秋に行われる太宰府天満宮の神幸式大祭《じんこうしきたいさい》で天神さまがお出かけになるところです。このお祭りの行列が道中、太鼓をドーン、鉦《かね》をカーンと鳴らしながら進むので「どんかん祭り」、行列が通る道は「どんかん道《みち》」と呼んでいます。さて榎社は、もとは道真さんの霊を弔う浄妙院《じょうみょういん》というお寺で、境内に大きな榎があったため「榎寺」と呼ばれるようになったそうです。地元では今も榎寺と呼んでいる方が多いのではないでしょうか。私も、榎社よりも榎寺の方がしっくりきます。道真さんのお世話をしたという浄妙尼《じょうみょうに》がまつられた浄妙尼社が榎社の奥にあります。榎社参道の中ほどと、浄妙尼社前に置かれている四角い石には注連縄《しめなわ》が張られて、なんだか大切な石の様子。この石は天神さまがお乗りになっているお神輿《みこし》を、しばしおろすための場所だそうです。

さて、今の榎社でわびしい生活を送っていた道真さ

奈良時代に建てられた杉塚廃寺。全容解明は今後の課題です

んが、実は子ども連れだったことをご存じでしょうか。まだ幼かった隈麿《くままろ》さんと紅姫《べにひめ》さんを連れてきていたのだそうです。子どもと一緒だったなんて初めて聞きました。びっくりです。隈麿さんは大宰府に来た翌年亡くなりました。榎社の近くの丘の上に隈麿さんのお墓があります。その翌年には道真さんも亡くなってしまいます。ひとりになってしまった紅姫さんは、いちばん上のお兄さんのところへ身を寄せたようですが詳しいことはわかっていません。榎社境内のほか数箇所に、紅姫さんの供養塔が建てられています。

政庁近くの発掘調査現場にお邪魔しました

太宰府で暮らすものにとっては見慣れた風景ですが、初めて見る方はびっくりするかもしれませんね。「太宰府天満宮一の鳥居」。何故こんなところに鳥居があるかというと、博多方面から大分県日田へ至る道から分かれて、太宰府天満宮へ向かう道がここから始まるからなのです。ここから太宰府天満宮へ向かう道沿いには、歴史の教科書に太字で書いてある遺跡や寺院がならんでいて、古代都市・大宰府のメインストリートであり、太宰府観光のメインストリートでもあります。

❶榎社。御幣で囲まれた手前の石はお神輿をおろす場所
❷太宰府天満宮一の鳥居。コミュニティバスまほろば号が通過中
❸住宅地にひっそりと佇む隈麿公の墓
❹大宰府政庁南門から四王寺山を望む

❸ ❶
❹ ❷

発掘作業中。すこしずつていねいに掘っていきます

古代都市・大宰府の姿は第一章でも紹介されていますので、ここでは少しだけ。まずは、地元では「都府《とふ》楼跡《ろうあと》」と呼ばれている「大宰府跡」。天気のよい休日には小さな子どもさんを連れて遊びにきているご家族をよく見かけます。そんな場所にずーっと昔役所があって、たくさんの人が働いていたり、時に兵火に見舞われたなんて、なんとも不思議な気がします。

大宰府跡の北側には四王寺山《しおうじやま》の姿が見えます。「大《おお》野城《のじょう》」という古代の山城がありました。石垣や建物の礎石が残っていますが、江戸時代のお城ではないので天守閣はありません。この四王寺山にはもうひとつ、「岩屋城《いわやじょう》」という戦国時代のお城がありました。大友宗麟《そうりん》配下の高橋紹運《じょううん》が、雲霞《うんか》のごとく攻めよせる島津軍を相手に壮絶な最期を遂げたところです。

大宰府跡の周辺には官庁街が広がっていました。今の霞ヶ関のような状態ですね。この古代の霞ヶ関を九州歴史資料館が発掘調査中だというので、調査担当者にお願いして作業の様子を見せてもらいました。大宰府跡の西側にあるこんもりと木が茂っている丘をとことこ上っていくと、木々の間に大きな礎石が整然と並んでいました。ほんの十㎝ほど掘り下げただけで、た

地元歴史ウォッチャーに聞きました

太宰府のイチオシ地宝

⦿鯰《なまず》　岩《いわ》 →P88. 地図A

（筑紫野市二日市北８-12-14）

推薦者：山田孝之さん
ブログ「Ｙ氏は暇人」主宰

二日市の住宅街に突如現れる巨大な岩。塀に食い込む形でそびえるこの岩にはある言い伝えがあります。かつてこの辺りは沼地が広がっていました。ある日菅原道真公がその沼地を通っていたら巨大ナマズが出現して道を遮るので刀で成敗したのだとか。するとそのナマズは岩になり固まってしまいました。その岩が現在でもこの場所にそのまま残っているのだそうです。塀の岩がナマズの胴体部分、向かい側の茂みにある岩が頭部分だと伝えられています。

⦿大宰府政庁跡正殿から南方の眺め →MAP B

推薦者：井上信正さん
太宰府市教育委員会文化財課

古代の役所・大宰府の正殿跡から南を眺めると正面に見える山が基肄城《きいじょう》（基山）です。中国の古都である長安や洛陽では都城の中軸線や南北道が、都城の南にそびえる山の峰と峰の間を通っています。大宰府条坊の中軸線、朱雀大路を延長すると基肄城東北門に至ります。基肄城東北門は、政庁正殿跡から見るとちょうど峰と峰の間にあるのです。奈良時代の大宰府が中国の都城の作り方を取り入れていることがよくわかります。

⦿雨乞《あまごい》祈祷の経筒《きょうづつ》

（元は水瓶山に埋納）→MAP C

推薦者：森弘子さん
太宰府発見塾 塾長

四王寺山の東南の一峰である水瓶山ではかつて雨乞祈祷が行われていました。祈祷で使われていた水瓶は、もともとは平安時代の終わりに埋納された経筒でした。初めは降雨を願って書写した経典を納めて土中に埋めていたものが、霊水を満たして祭壇に供え祈祷する方法に変わったと考えられています。昭和14年以降、雨乞祈祷が行われなかったため、同37年に発掘調査が行われました。埋納されていた水瓶は現在、太宰府天満宮に保管されています。

⦿中島神社 →MAP D

（太宰府天満宮内）

推薦者：清水蓉子さん
太宰府天満宮文化研究所

中島神社は、お菓子の神様として崇敬されている田道《たじ》間守命《まもりのみこと》をお祀りしているお宮です。田道間守命が垂仁天皇から持ち帰るよう命じられたという非時香菓《ときじくのかぐのこのみ》は橘の実であるといわれ、本殿脇には橘の木が植えられています。また、本殿の周りには桜の木があり、太宰府天満宮の桜スポットでもあります。年２回催されるお祭りの時にはものすごい数のお菓子が奉納されます。

くさんの瓦が土中から顔を出している場所もあります。きっと瓦葺《ぶき》の立派な建物だったのでしょう。この場所は蔵司《くらつかさ》という役所だったと考えられていて、今後も調査が続けられることになっています。新たな発見がありそうで楽しみです。

西日本鉄道の操車場跡で行われた発掘調査では、外国からの使節を迎えた客館《きゃくかん》と考えられる建物跡が見つかっています。この場所は、大宰府の碁盤の目の真ん中あたり、道真さんの館だったといわれる榎社の向かい側です。奈良時代に建てられた客館の建物は、道真さんが大宰府で暮らした平安時代にはどうなっていたのでしょうか。道真さんの〝お向かいさん〟は誰だったのでしょう。想像がふくらんできます。まだまだわかっていないことがたくさんある大宰府跡。私たちの足元には何が眠っているのでしょうか。

大宰府跡のとなりには「学校院跡」、そのとなりに「戒壇院《かいだんいん》」、さらにおとなりの木立の中には「観世音寺」と続きます。観世音寺はエピソードや見学ポイントがたくさんありますが、宝蔵に安置されている馬頭《ばとう》観音などの大きな観音さまのお像がイチオシです。仏さまの身長は一丈六尺（約五ｍ）といわれていて、ここ観世音寺の観音さまは等身大につくられています。背が高くてお顔がよく見えないのが残念ですが、ごらんになって損はしません。

御笠《みかさ》川沿いの丘の上に、筑紫台高等学校と太宰府小学校がならんでいます。明治八（一八七五）年開校、森有礼《ありのり》文部大臣が視察に訪れたこともある、歴史ある太宰府小学校。その校歌が、小学生が歌うには少々ことばが難しいのです。けれど、道真さんに大宰府跡、「宝満山」が歌いこまれていて、土地柄をよくあらわしていると思います。

さて、この宝満山（竈門《かまど》山）には、太宰府近辺で育った方は学校の遠足で一度は登ったことがあるはずです。毎朝登るのが日課という方から本格登山のトレーニングで登る方まで、実に多くの登山者でにぎわう山です。古くから信仰の対象だった山で、修験道の霊場でもあります。幕末の動乱期、太宰府滞在中の三条実美《さねとみ》ら五卿《ごきょう》も登ったのだとか。ふもとにある「宝満宮竈門神社」が下宮《げぐう》で、山頂に上宮《じょうぐう》があります。下宮の竈門神社は桜と紅葉がきれいなところですが、縁結びの神様として近年とても人気があるそうです。数年前に社務所が建て替わって、かなりかわいらしい雰囲気になってい

❶竈門神社。ご神紋は「桜」
❷本殿へ向う参道の鳥居
❸愛敬の岩
❹近年、縁結びの神社として親しまれる竈門神社。「幸福の木」は良縁を願う参拝者のおみくじが鈴なり

❸ ❶
❹ ❷

❶浦ノ田遺跡が広がる丘陵
❷「天満宮アクセス」を抜けた広場では紫の蓮の花が開花していた
❸❹九博北隣の調整池脇に移設された浦ノ田遺跡

❸ ❶
❹ ❷

ます。登山の無事を祈ったことはあっても、縁結びをお願いしたことはありませんでしたねー。

旅の終わりは浦ノ田遺跡

今はお宮として慣れ親しんでいる太宰府天満宮が安《あん》楽《らく》寺《じ》とよばれていたころ。この安楽寺の東側の丘陵にかつてお墓がありました。安楽寺を見下ろすようにつくられているので、安楽寺と関係があるひとびとのお墓だろうと考えられています。いつの間にか埋もれ、忘れられてしまっていたお墓が、九博への通路をつくる時に行われた発掘調査によって土の中からあらわれました。「浦ノ田遺跡」と命名されたこの墓石群は、ふたたび忘れられてしまわないように、お墓の一部が九博の敷地内に移設されています。

九博からはじまり九博でおわる地宝めぐり。車なら一日で回ることができます。しかし、存外、太宰府のまちは広く、まだまだ地宝は尽きません。今回の地宝めぐりはほんの一例。古墳が好きなあなたも、戦国武将好きのあなたも、歴史に詳しくないあなたにも、お気に入りの地宝が見つかると思います。そして、あなたが暮らすまちにもきっと、多くの地宝が眠っていることでしょう。

太宰府天満宮の主な行事

1月
歳旦祭（1日）
元始祭（3日）
斧始祭（4日）
鷽《うそ》替え・鬼すべ神事（7日）
成人祭（第2月曜）
初天神祭（25日）

2月
節分厄除祈願大祭（2月初旬）
節分祭（豆まき神事、3日）
紀元祭（11日）
祈年祭（17日）
梅花祭、飛梅講社大祭（24、25日）

3月
曲水の宴（第1日曜）
献書祭（春分の日）
天開稲荷社 初午祭
（旧暦2月初午の日）
春季大祭（25日）

4月
厄晴れ瓢箪焼納祭（1日）
学業祈願大祭（3日）
厄除祈願大祭（4日）
更衣祭（20日）

5月
斎田播種祭（1日）
子どもの日祭（5日）

6月
飛梅ちぎり（1日）
斎田御田植祭（中旬）
大祓式（30日）

7月
夏の天神まつり（24、25日）

8月
大行事（最終日曜日）

9月
神幸式お注連立て（1日）
筆塚祭
（第1または第2日曜）
崇敬会大祭（中旬）
神幸式大祭（20〜25日）
神幸式神楽太鼓奉納
（神幸式大祭期間中）

10月
秋思祭（旧暦9月10日）
特別受験合格祈願大祭
（1〜31日）
斎田抜穂祭（中旬）

11月
七五三祭（15日）
更衣祭（20日）
新嘗祭（23日）

12月
迎春準備・煤払い（下旬）
納天神祭・古神札焼納式（25日）
大祓式、除夜祭（31日）

太宰府地宝めぐりマップ

※■■は83,90ページで紹介したスポットと対応しています

北九州
四王寺山
福岡都市高速2号線太宰府線
福岡
112
3
白木原駅
西鉄大牟田線
下大利駅
九州自動車道
太宰府市文化ふれあい館
筑前国分寺
22
26
国分尼寺跡
古代官道跡
遠賀団印出土地
御笠団印出土地
学校院跡
大宰府展示館
16
17
B
蔵司跡
112
苅萱関伝承地
21
関屋
御笠川
水城堤防
水城駅
27
都府楼前駅
18
朱雀大路
神ノ前窯跡
(国内最古級の瓦窯)
古代官道跡
大宰府庁域
505
20
19
客館
(推定)
JR鹿児島本線
都府楼南駅
531
二日市駅
23
24
25
基山

九博“じもぴー”研究員おすすめの

太宰府の地宝スポット

1	太宰府天満宮境内	樟の緑と太鼓橋欄干の朱色のコントラストが美しい。太鼓橋脇に静かにたたずむ志賀社は釘を使わずに建てられている。小早川隆景寄進の本殿をはじめとした歴史上の有名人が奉納、寄進したもの、石碑や銅像が多くあるので、散策してみるのも面白い。
2	光明禅寺	別名、苔寺。お庭はどの季節もそれぞれに美しい。別名の由来となった苔も見事。
3	太郎左近社	健康保持の神様。参拝者が多いということは、霊験あらたかということでしょうか。
4	石穴神社	高雄山のふもとの稲荷社。巨岩に覆われた奥の院では自然と手を合わせたくなる。
5	竈門神社	縁結びの神様。お札・お守り授与所がおしゃれでかわいい。お宮の紋でもある桜の名所。
6	宝満山	信仰の山であり、登山者に人気の山。初心者でも登れるが、ルートによっては鎖場があるなど実は険しい。おススメは山頂からの眺め。
7	西正寺	岩屋城の戦いで散った高橋紹運とその家臣たちの菩提寺。
8	金掛天満宮	家財をなげうち人助けを行った末、家運が傾いてしまった古川家の屋敷跡。再起を願った当主を天神様が救ったという伝承がある。再起をかける人はお参りするとよいかも。
9	朝日地蔵	横岳山崇福寺を開いた湛彗(たんね)が亡くなった場所に地元の者が地蔵を祀って供養したという。何でも願いを聞き届けてくださるということで参拝者が多い。毎年7月に夏祭りが行われる。
10	大野城跡尾花礎石群	古代山城・大野城跡に複数残る礎石建物群のひとつ。近くの土塁上からは、古代都市大宰府を一望できる。
11	岩屋城跡	岩屋城の戦いの場。本丸跡からふもとを眺め、攻め寄せる島津軍を想像してみよう。う～、怖い。二ノ丸には高橋紹運の墓がある。
12	推定金光寺跡	鎌倉時代から室町時代にかけての礎石建物跡、火葬所、墓所。観世音寺の子院のひとつと推定されているが、武士の居館の可能性もある。真相や如何に。
13	武藤資頼・資能の墓	鎌倉時代に太宰府を拠点に北部九州を手中に収めた武藤（少弐）氏。その隆盛を築いた資頼親子だが、彼らの子孫は戦国の荒波を乗りきれず、消えてしまうのだった。
14	観世音寺境内	参道の銀杏が美しい。梵鐘は日本最古級。9月22日と大晦日には、菅原道真も聞いた鐘の音を聞くことができる。
15	高橋紹運首塚	島津軍による首実検ののちに塚に納められたといわれている。
16	坂本八幡宮	大宰府政庁跡は定番のお花見スポットだが、ここのヤマザクラも見事。
17	大宰府政庁正殿跡	大野城（四王寺山）を背にすると、正面に基肄城（基山）が見える。大宰府政庁跡のほかの建物の礎石はレプリカ（本物は地中）だが、正殿の礎石は本物。
18	朱雀門礎石	御笠川改修工事中に発見された巨大な礎石。発見された場所から朱雀門の礎石と考えられている。
19	隈麿公の墓	菅原道真の子、隈麿の墓。6弁の花をつける梅の木がある。
20	榎社	菅原道真の館跡といわれている。毎年9月、天神様が神幸され、1泊ののち還御される。
21	太宰府天満宮一の鳥居	天満宮参道入り口。天満宮方面、日田方面を示す道標あり。
22	陣ノ尾1号墳	6世紀末の円墳。石室に入りたい場合は、事前に太宰府市教育委員会文化財課に連絡を。
23	埴安神社古墳	古墳時代後期とされる円墳。石室は開口しているが、大部分埋まっている。
24	原の前古墳	通称、兵隊山。円墳。未調査のため詳細は不明。明らかになる日は来るのか。
25	杉塚廃寺	8世紀の寺院跡。2棟の建物が確認されたが、お寺としての範囲や伽藍配置は不明で、まだまだ謎が多い。
26	水城東門跡	第2広場からは、一直線に延びる水城の様子がよくわかる。
27	水城西門跡	切通しのような細い道だが、当時からあまり変わっていないということ。門の礎石が少し離れた位置にある。

yakata tumuli
Excavated from Nariyakata tumuli in1963/Kofun period, 5th century/Iron ax : L15.6, W6.2/
Dazaifu Tenmangu Shrine

㉕
細形銅矛《ほそがたどうほこ》
1934年糸島市西古川遺跡出土、1980年奉納／弥生時代、前1世紀／長36.6cm, 幅4.5cm／太宰府天満宮所蔵
県道工事中に出土。発見者は当時糸島中学３年生の男子生徒で、彼のメモによると、「土の高く起伏したる所」に複数の合甕があり、この矛は「合甕のそばの小さい甕」から出たという。
Bronze spear
Excavated from Nishi-Furukawa site, Dedicated in 1980/
Yayoi period, 1st century B.C./
L36.6, W4.5/
Dazaifu Tenmangu Shrine

㉖
中広形銅矛《ちゅうびろがたどうほこ》
福岡県甘木市下渕出土／弥生時代、1世紀／長83.2cm, 幅9.5cm／太宰府天満宮所蔵
柳葉形の刃部は一定の幅でもって角度をかえて研ぎ分けており、縞模様をなしている。下渕の山上にて風で大木が倒れた際、その根本からみつかり、のちに江藤正澄が太宰府神社に献じたという。
Bronze spear
Excavated from Shimobuchi,
Amagi City/
Yayoi period, 1st century/
L83.2, W9.5/
Dazaifu Tenmangu Shrine

㉗
古瀬戸骨蔵器《こせとこつぞうき》
2002年太宰府市浦ノ田遺跡(天満宮アクセス)出土／鎌倉時代頃、13〜14世紀／高23.0cm, 底径9.1cm／九州歴史資料館所蔵
灰釉をかけて淡い緑色に仕上げる。細身の底部から張りのある肩部へとつらなる器形は、宋時代の梅瓶に源流をもつ。口縁部を打ち欠いて、火葬骨をいれていた。
Cinerary urn
Excavated from Uranota site,
Dazaifu City in 2002/Kamakura period, 13-14th century/
H23.0, Bottom Dia9.1/
Kyushu Historical Museum

㉘
青磁輪花碗《せいじりんかわん》
2002年太宰府市浦ノ田遺跡(天満宮アクセス)出土／南宋時代、13世紀／高6.6cm, 口径16.3cm, 高台径5.5cm／九州歴史資料館所蔵
16枚の花弁をあしらう南宋の青磁碗。器壁は厚めであり、そのため手に取ると見た目以上に重みがある。太宰府周辺では比較的多く出土している。
Celadon bowl
Excavated from Uranota site,
Dazaifu City in 2002/Southern Song Dynasty, 13th century/
H6.6, Dia16.3, Bottom Dia5.5/
Kyushu Historical Museum

㉙
板碑《いたび》
2002年太宰府市浦ノ田遺跡(天満宮アクセス)出土／鎌倉時代頃、13〜14世紀／縦65.0cm, 横18.1cm, 厚10.3cm／九州歴史資料館所蔵
故人の供養のために墓地にたてる石碑で、鎌倉時代頃から全国的に普及。本品は花崗岩製で、下半を地中にうめて立てていた。正面に千手観音を意味する梵字「キリーク」を刻む。
***Buddhist* stele**
Excavated from Uranota site,
Dazaifu City in 2002/
Kamakura period, 13-14th century/L65.0, W18.1, T10.3/
Kyushu Historical Museum

L33.5, W22.8/
Oita Prefecture Ancient Sages Historical Archives

---

⑲
中広形銅《ちゅうひろがたどう》戈《か》
弥生時代、1世紀／長38.0cm, 幅13.0cm／竈門神社所蔵
竈門神社に伝わる弥生の祭器。根元には、司祭者とおぼしき鳥装人物を表現。この種の青銅器が祭祀に用いる品であることを示す。
Bronze halberd
Yayoi period, 1st century/
L38.0, W13.0/Kamado Shrine

---

⑳
中広形銅《ちゅうひろがたどう》戈《か》
伝1784年太宰府市片野山出土／弥生時代、1世紀／長36.5cm, 幅9.5cm／太宰府天満宮所蔵
天明4（1784）年に太宰府の片野山で出土したと伝える十数本の銅戈のうちのひとつ。片野山はいまの高雄山とみられる。
Bronze halberd
Reportedly from Katano-yama, Dazaifu City/
Yayoi period, 1st century/
L36.5, W9.5/
Dazaifu Tenmangu Shrine

㉑
平瓦《ひらがわら》　銘《めい》賀《か》茂《も》
都府楼出土、江藤正澄収集／平安時代、9～10世紀／縦22.0cm, 横14.5cm／太宰府天満宮所蔵
大宰府政庁跡で採集された平瓦。斜格子状のタタキ目に混じって、工房名とおぼしき「賀茂」の文字がある。瓦を成形したタタキ板に彫られていた文字で、左右が反転して印刻された。
Roof tile
Excavated from Tofuro site,
Founded by Eto Masazumi/
Heian period, 9-10th century/
L22.0, W14.5/
Dazaifu Tenmangu Shrine

㉒
軒丸瓦《のきまるがわら》
1970年太宰府天満宮西北境内貯水槽出土／平安時代、10～11世紀／縦10.0cm, 横13.5cm／太宰府天満宮所蔵
太宰府天満宮境内の工事中に偶然発見された軒丸瓦。平安時代後期以降のもので、菅原道真公の御廟である安楽寺の屋根に葺かれていた瓦だと考えられる。
Eave tile
Excavated from Dazaifu Tenmangu Shrine in 1970/
Heian period, 10-11th century/
L10.0, W13.5/
Dazaifu Tenmangu Shrine

㉓
平瓦《ひらがわら》
隈麿墓出土、1971年菊武賢太郎氏寄贈／平安時代、9～10世紀／縦24.0cm, 横18.0cm／太宰府天満宮所蔵
菅原道真の子「隈麿」の墓で菊武賢太郎氏が採集した平瓦。隈麿墓は朱雀大路を挟んで、道真が暮らした南館（現・榎社）と接し、古代都市・大宰府のほぼ中央に位置する。
Roof tile
Excavated from Grave of Kumamaro, Presented by Kikuchi Kentaro in 1971/Heian period, 9-10th century/L24.0, W18.0/
Dazaifu Tenmangu Shrine

㉔
成《なり》屋《や》形《かた》古《こ》墳群出土品《ふんぐんしゅつどひん》
1963年太宰府市成屋形古墳群出土／古墳時代、5世紀／鉄斧：長15.6cm, 幅6.2cm／太宰府天満宮所蔵
九州自動車道の太宰府ICにある古墳群から出土した鉄器類。5世紀に流行した蕨手刀《わらびてとう》子《す》や朝鮮半島から輸入された鋳造鉄斧《てつぷ》が含まれる。
Iron implements from Nari-

太宰府天満宮所蔵
全体に丁寧な作行《さくゆき》が認められる宝相華唐草文の破片。菩薩などの仏像頭部を飾る宝冠、あるいは光背の一部であったと思われる。
Bronze ornament
Excavated from Dazaifu Tenmangu Shrine/
Kamakura period, 13th century/
L6.0, W5.0/
Dazaifu Tenmangu Shrine

⑬
鰐口《わにぐち》
太宰府天満宮出土／鎌倉時代、13世紀／縦5.1cm, 横4.6cm ／太宰府天満宮所蔵
鰐口は仏堂に懸けた鳴り物―梵音具―のひとつで、本品はその断片と考えられるもの。小片ながら、安楽寺の密教寺院としての性格を示す。
Gong with wide mouth
Excavated from Dazaifu Tenmangu Shrine/
Kamakura period, 13th century/
H5.1, W4.6/
Dazaifu Tenmangu Shrine

⑭
鞘尻金《さやじりかな》具《ぐ》
鎌倉～室町時代、14～15世紀／縦4.2cm, 横3.1cm ／太宰府天満宮所蔵
内側がぎざぎざとした花咲形の金具で、鞘の先端にとりつけた。太宰府天満宮所蔵の伝菅公遺品のひとつ、毛抜形太刀の柄頭にも通じる意匠である。
Gilt bronze fitting for *Tachi*-Type Sword
Kamakura period～Muromachi period, 14-15th century/
H4.2, W3.1/
Dazaifu Tenmangu Shrine

⑮
百練抄《ひゃくれんしょう》
鎌倉時代編、江戸時代＝17世紀写／縦27.0cm, 横19.6cm ／九州国立博物館所蔵
安和元(968)年～正元元(1259)年の出来事を収めた歴史書。安元元年(1175)7月16日条に、安楽寺巽(南東)方の嶺で銅矛10本発見の記事がみえる。
Japanese History book
Edit:Kamakura period,
Copy : Edo period, 17th century/
L27.0, W19.6/
Kyushu National Museum

⑯
太《だ》宰《ざい》府《ふ》聖廟神宝銅鉾《せいびょうしんぽうどうほこ》図《ず》
青柳種信筆／江戸時代、19世紀／縦27.7cm, 横41.0cm ／福岡市博物館所蔵
Illustrated bronze halberd
By Aoyagi Tanenobu/
Edo period, 19th century/
L27.7, W41.0/
Fukuoka City Museum

⑰
天満宮神宝銅鉾《てんまんぐうしんぽうどうほこ》図《ず》
青柳種信筆／江戸時代、19世紀／縦27.9cm, 横40.5cm ／福岡市博物館所蔵
Illustrated bronze halberd
By Aoyagi Tanenobu/
Edo period, 19th century/
L27.9, W40.5/
Fukuoka City Museum
福岡藩の国学者青柳種信によるスケッチ図。天明４(1784)年に発見、奉納された11本のうちの１本で、形状や破損などの特徴、法量を忠実に記録する。

⑱
尚古延寿《しょうこえんじゅ》
後藤碩田筆／江戸時代、19世紀／縦33.5cm, 横22.8cm ／大分県立先哲史料館所蔵
豊後の国学者後藤碩田が、自ら記録した様々な古物の図や拓本をまとめたもの。太宰府天満宮の社地出土品という銅戈の拓本も収録する。
Record book of Japanese antiques
By Goto Sekiden/
Edo period, 19th century/

Excavated from Dazaifu Tenman-gu Shrine in 1985/
Heian period, 11-12th century/
H5.5, W2.9/
Dazaifu Tenmangu Shrine

⑦
土師器碗《はじきわん》

1985年太宰府天満宮本殿北トレンチ出土／平安時代、12世紀前半／高3.2cm, 口縁径7.5cm, 高台径4.0cm／太宰府市教育委員会所蔵

密教の修法で用いる６碗１組の器。本来は金属器であるが、土器でも作られた。口縁の煤は本品が燈明台として用いられた可能性を示す。

Bowl

Excavated from Dazaifu Tenman-gu Shrine in 1985/
Heian period, 12th century/
H3.2, Dia7.5, Bottom Dia4.0/
Dazaifu City Board of Education

⑧
器台《きだい》

1985年太宰府天満宮本殿北トレンチ出土／平安時代、11～12世紀／（左）復元高23.0cm, 復元口径16.3cm（右）復元高24.0cm, 復元口径16.2cm／太宰府市教育委員会所蔵

径１cm程度の円棒に粘土紐を巻きつけて支柱を成形しているため、中央に孔が貫通している。供物を供える際に用いられたものであろう。

Vessel stand

Excavated from Dazaifu Tenman-gu Shrine in 1985/
Heian period, 11-12th century/
(Left)H23.0, Dia16.3
(Right)H24.0, Dia16.2/
Dazaifu City Board of Education

⑨
瓦器碗《がきわん》

1985年太宰府天満宮本殿北トレンチ出土／平安時代、11世紀／高5.1cm, 口縁径7.7cm, 高台径3.7cm／太宰府市教育委員会所蔵

密教の修法で用いる６碗１組の器。本来は金属器であるが、本品は表面を燻して金属質の光沢をもたせている。

Bowl

Excavated from Dazaifu Tenman-gu Shrine in 1985/
Heian period, 11th century/
H5.1, Dia7.7, Bottom Dia3.7/
Dazaifu City Board of Education

⑩
懸仏《かけぼとけ》　十一面観音菩薩《じゅういちめんかんのんぼさつ》

太宰府天満宮出土／鎌倉時代、13世紀／高4.5cm／太宰府天満宮所蔵

鏡板に取り付け、寺社の堂内に吊り懸けて礼拝したもので、鎌倉時代には懸仏を懸垂した空間が境内に存在したことを示す。十一面観音菩薩は天神様の本地仏でもある。

Votive plaque with Eleven-headed *Kannon* figure

Excavated from Dazaifu Tenman-gu Shrine/
Kamakura period,13th century/
H4.5/
Dazaifu Tenmangu Shrine

⑪
懸仏《かけぼとけ》　不動明王《ふどうみょうおう》

太宰府天満宮出土／鎌倉時代、13世紀／高7.9cm／太宰府天満宮所蔵

鏡板に取り付け、寺社の堂内に吊り懸けて礼拝した。不動明王は天台宗や真言宗に代表される密教特有の尊格。密教寺院としての安楽寺の姿を今に伝える。

Votive plaque with *Acalanatha* figure

Excavated from Dazaifu Tenman-gu Shrine/
Kamakura period, 13th century/
H7.9/Dazaifu Tenmangu Shrine

⑫
唐草透彫金具《からくさすかしぼりかなぐ》

太宰府天満宮出土／鎌倉時代、13世紀／縦6.0cm, 横5.0cm／

作品リスト

List of Works

①

重要文化財　文様塼《もんようせん》

太宰府市観世出土／奈良時代、8世紀／縦28.0cm, 横30.0cm, 厚7.2cm／太宰府天満宮所蔵

大宰府政庁、学校院、観世音寺などで用いられたタイル。割れた面に足形を確認できる。粘土を型に入れ踏み込んだ古代の職人の足跡である。

Floral design tile

Excavated from Kanze, Dazaifu City/Nara period, 8th century/
L28.0, W30.0, T7.2/
Dazaifu Tenmangu Shrine

②

平瓦《ひらがわら》　銘安楽寺《めいあんらくじ》

太宰府天満宮出土／平安時代、10世紀／縦24.0cm, 横14.5cm／太宰府天満宮所蔵

菅原道真の遺骸をのせた牛車はいまの太宰府天満宮で歩みをとめ、そこに墓所を築き安楽寺と号した。太宰府天満宮の境内地からは、安楽寺銘の瓦が多数出土。

Roof tile

Excavated from Dazaifu Tenmangu Shrine/
Heian period, 10th century/
L24.0, W14.5/
Dazaifu Tenmangu Shrine

③

平瓦《ひらがわら》　銘安楽《めいあんらく》之《の》寺《てら》

大宰府政庁跡出土／平安時代、10世紀／縦31.0cm, 横21.0cm／九州歴史資料館所蔵

大宰府政庁の修繕に使われた、道真の墓所「安楽之寺」を刻む瓦。道真は生前、大宰府政庁はその屋根を遠望するのみであったという。

Roof tile

Excavated from Dazaifu ruins/
Heian period, 10th century/
L31.0, W21.0/
Kyushu Historical Museum

④

剣菱巴文軒丸瓦《けんびしともえもんのきまるがわら》

1968年太宰府天満宮本殿外西北隅出土／鎌倉時代、13世紀／縦13.0cm, 横14.5cm／太宰府天満宮所蔵

中央の巴文をぐるりと囲む剣菱文は、鎌倉時代の寺院建築で流行した文様。太宰府天満宮が寺院であったころの姿を今につたえる。

Eave tile

Excavated from Dazaifu Tenmangu Shrine in 1968/
Kamakura period, 13th century/
L13.0, W14.5/
Dazaifu Tenmangu Shrine

⑤

飾《かざり》 金具《かなぐ》

1985年太宰府天満宮本殿北トレンチ出土／平安時代、11〜12世紀／縦3.5cm, 横7.3cm／太宰府天満宮所蔵

堂内の須弥壇や修法壇などにとりつけたとみられる。当時安楽寺と呼ばれていた天台宗寺院であった天満宮の性格を知る上で貴重な資料。

Gilt bronze fitting temple ornament

Excavated from Dazaifu Tenmangu Shrine in 1985/
Heian period, 11-12th century/
L3.5, W7.3/
Dazaifu Tenmangu Shrine

⑥

吊金具《つりかなぐ》

1985年太宰府天満宮本殿北トレンチ出土／平安時代、11〜12世紀／高5.5cm, 幅2.9cm／太宰府天満宮所蔵

貴族の邸宅や寺社などで用いる御簾にともなう金具、または神輿など祭礼用具の部品であろう。太宰府天満宮の本殿では今も同様の金具が使われている。

Gilt bronze hanging hook

謝　辞

本展開催ならびに本書作成にあたり、ご所蔵者、写真をご提供いただいた機関をはじめ、下記の機関や個人の方々よりご協力を賜りました。ここに記して謝意を表します（敬称略、五十音順）。

石穴稲荷神社
大分県立先哲史料館
九州歴史資料館
太宰府市教育委員会
太宰府天満宮
福岡市博物館
宝満宮竈門神社
井上信正、遠藤啓介、大庭孝夫、佐藤亜聖、
清水蓉子、下原幸裕、庄島希、高橋学、
原田徹宗、松川博一、松原勝也、宮崎亮一、
宮野弘樹、森弘子

装幀：俣野裕三（MATANO OFFICE）

太宰府天満宮《だざいふてんまんぐう》の地宝《ちほう》

2016年1月1日　初版第１刷発行

編　者　九州国立博物館
発行者　藤　村　興　晴
発行所　忘《ぼう》　羊《よう》　社《しゃ》
〒810-0074　福岡市中央区大手門1-7-18
電　話 092-406-2036・ＦＡＸ 092-406-2093
印刷・製本　大同印刷株式会社

落丁本・乱丁本はお取替えいたします。定価はカバーに表示しています
Kyushu National Museum ⓒ Printed in Japan 2016